Podziękowania

Wystawa i ta publikacja stały się możliwe dzięki hojnej donacji Taube Family Foundation. Donacja Pani Henrietty Fankhauser umożliwi pokazanie wystawy w wielu miastach Polski.

Tekst *Herbert Hoover, honorowy obywatel Rzeczypospolitej Polskiej* napisał Profesor Marian Marek Drozdowski z Polskiej Akademii Nauk.

Publikację przygotował Zbigniew L. Stańczyk z udziałem pracowników Instytutu Hoovera: Lindy Bernard, Antonia L. Bowens, Ireny Czernichowskiej, Briana Donecho, Daniela Kopyc, Lisy Miller, Macieja Siekierskiego, Nicholasa Siekierskiego, E. Ann Wood, Katarzyny Woronieckiej.

Elena S. Danielson
Dyrektor Biblioteki i Archiwów
Instytutu Hoovera

Acknowledgements

The exhibition and this publication were made possible by a generous gift from the Taube Family Foundation. A gift from Henrietta Fankhauser will enable the exhibition to travel to various cities in Poland.

The text *Herbert Hoover, Honorary Citizen of the Republic of Poland* was written by Professor Marian Marek Drozdowski of the Polish Academy of Sciences.

This publication was prepared by Zbigniew L. Stanczyk with the participation of a group of Hoover Institution staff members: Linda Bernard, Antonio L. Bowens, Irena Czernichowska, Brian Donecho, Daniel Kopyc, Lisa Miller, Maciej Siekierski, Nicholas Siekierski, E. Ann Wood, and Katarzyna Woroniecka.

Elena S. Danielson
Director of Library and Archives
Hoover Institution

AMERICAN FRIENDSHIP

HERBERT HOOVER AND POLAND

EXHIBITION IN THE ROYAL CASTLE IN WARSAW
NOVEMBER 12, 2004 – JANUARY 16, 2005

HOOVER
INSTITUTION

STANFORD
UNIVERSITY

2004

AMERYKAŃSKA PRZYJAŹŃ

HERBERT HOOVER A POLSKA

WYSTAWA W ZAMKU KRÓLEWSKIM W WARSZAWIE
12 LISTOPADA 2004 – 16 STYCZNIA 2005

HOOVER INSTITUTION
STANFORD UNIVERSITY

2004

Herbert Hoover and Poland is an exhibition illustrating the Hoover Institution's founder's special relationship with the people of Poland. As much as any other prominent American, Mr. Hoover was committed to the survival and well-being of Poland – throughout his life as a private citizen, statesman, president, and above all, dedicated humanitarian.

Mr. Hoover did for Poland what Thaddeus Kosciuszko and Casimir Pulaski did for the emerging American republic. They fought for its independence; Hoover provided relief during and after two global conflicts and supported Poland's restoration and economic recovery. Afterward, Mr. Hoover supported Poland's legitimate interests in the United States. Even during difficult times Mr. Hoover never lost his faith in Poland, as testified to by his words and actions. Monuments in Washington, our nation's capital, honor Kosciuszko and Pulaski, and Mr. Hoover was acknowledged with a monument dedicated to him in Warsaw. Although that monument did not survive the last world war, a vast amount of documentation prevails relating to Mr. Hoover's activities in and on behalf of Poland, a sampling of which is presented in this exhibition.

I began my tenure as director of the Hoover Institution in 1989, by coincidence, a momentous year in Polish and world history. That summer, Poland had become the first country in the former Soviet bloc to undergo a peaceful transformation from an authoritarian to a democratic form of government. It was also one of the first countries from East Central Europe to establish direct contacts with the Hoover Institution. In 1990, we were honored by the visit of then Deputy Foreign Minister Jerzy Makarczyk. Starting in September 1990, and for the next five years, young diplomats from the Polish foreign ministry came to the Hoover Institution for instruction in Western-style economics and political science. At the same time Hoover Institution scholars visited Poland, and in 1991 we established an East European acquisitions office in Warsaw to collect documents related to the transition to democracy. Throughout the last few years, we have been honored by visits of prominent Polish statesmen and scholars. The Hoover Institution signed an agreement with the Polish State Archives, which by the end of the 1990s had allowed the repatriation to Poland of some 1.5 million pages of microfilmed documents that have contributed significantly to the understanding of the history of Poland in the twentieth century.

During the past fifteen years, the Hoover Institution has accomplished much in Poland. Our exhibition *Herbert Hoover and Poland* is our first major Polish project of the new century. We look forward to continuing our founder's mission of sharing resources, gathering documentation, engaging in dialogue, and fostering friendship with Poland.

The exhibition is made possible by many people and several institutions, and we thank the Royal Castle in Warsaw, especially Professor Andrzej Rottermund, director of the castle, for inviting us to present Herbert Hoover's story in the historic Royal Library and for making his staff available to assist with the exhibition's installation. We also gratefully acknowledge two donors – Tad Taube and Henrietta Fankhauser – whose financial support made the exhibition possible. For Mr. Taube this is only the latest of many cultural projects he and the Taube Family Foundation have supported in Poland. We would like to thank Professor Daria Nałęcz, director-general of the Polish State Archives, with whom we have been successfully cooperating for many years, for allowing us to use documentation from Polish repositories. Finally, many of the Hoover Institution staff worked on this project including Hoover Institution Associate Director Elena Danielson, East European Curator Maciej Siekierski, and its main author and producer, Zbigniew Stanczyk.

John Raisian
Director Hoover Institution
Stanford University

Herbert Hoover a Polska jest wystawą ilustrującą specjalny stosunek założyciela naszego Instytutu do narodu polskiego. Bardziej niż inni wpływowi Amerykanie, Hoover był oddany sprawie przetrwania i pomyślności Polski – przez całe swoje życie jako osoba prywatna, mąż stanu, prezydent, a najbardziej jako prawdziwy filantrop.

Hoover uczynił dla Polski to, co Tadeusz Kościuszko i Kazimierz Pułaski dla powstającej republiki amerykańskiej. Oni walczyli za jej niepodległość, on niósł jej pomoc po obu wojnach światowych, popierał przywrócenie jej państwowości i odbudowę gospodarczą. Później Hoover został rzecznikiem jej słusznych interesów w Stanach Zjednoczonych. Nawet w najtrudniejszych chwilach nigdy nie stracił wiary w Polskę, o czym świadczą jego słowa i czyny. Pomniki w Waszyngtonie, stolicy naszego kraju, upamiętniają Kościuszkę i Pułaskiego. Hoover też miał dedykowany mu pomnik w Warszawie. Pomnik ten nie przetrwał ostatniej wojny, ale istnieje ogromna dokumentacja dotycząca działalności Hoovera w Polsce i na rzecz Polski, której niewielką część prezentuje ta wystawa.

Moją kadencję dyrektorską rozpocząłem w roku 1989, roku który był doniosłym w historii Polski i historii świata. Wówczas, latem, Polska stała się pierwszym krajem w byłym bloku sowieckim, który przeszedł pokojową transformację z autorytarnej do demokratycznej formy rządu. Polska była też pierwszym krajem Europy Środkowo-Wschodniej, który nawiązał kontakty z Instytutem Hoovera. W roku 1990 zostaliśmy zaszczyceni wizytą Wiceministra Spraw Zagranicznych Jerzego Makarczyka. Poczynając od wrześniu 1990 roku, przez następne pięć lat, młodzi dyplomaci z polskiego MSZ przyjeżdżali do Instytutu Hoovera, by poszerzać wiedzę z zakresu zachodniej ekonomii i politologii. W tym samym czasie pracownicy naukowi Instytutu Hoovera odwiedzali Polskę, a w 1991 roku otworzyliśmy w Warszawie nasze wschodnioeuropejskie biuro akwizycyjne celem zbierania dokumentacji dotyczącej demokratyzacji życia publicznego. W ciągu ostatnich piętnastu lat zostaliśmy zaszczyceni wizytami wybitnych polskich mężów stanu i uczonych. Instytut Hoovera podpisał umowę z Polskimi Archiwami Państwowymi, która do końca lat 90. pozwoliła na repatriację do Polski około 1,5 mln stron zmikrofilmowanych dokumentów, przyczyniając się znacznie do wyjaśnienia szeregu zagadnień XX-wiecznej historii Polski.

W ciągu ostatnich lat Instytut Hoovera bardzo aktywnie działał w Polsce. Wystawa *Herbert Hoover a Polska* jest naszym pierwszym większym przedsięwzięciem nowego stulecia. Zamierzamy kontynuować misję naszego założyciela – zarówno dzielenia się naszymi zasobami, jak i dążenia do porozumienia i przyjaźni z Polską.

Wystawa stała się możliwa dzięki udziałowi wielu osób i kilku instytucji. Chciałbym podziękować Zamkowi Królewskiemu w Warszawie, a szczególnie Panu Profesorowi Andrzejowi Rottermundowi, jego dyrektorowi, za zaproszenie nas do zaprezentowania historii Herberta Hoovera w historycznej Bibliotece Stanisławowskiej oraz za użyczenie nam pracowników do pomocy przy instalacji wystawy. Wymieniam również z wdzięcznością dwóch darczyńców – Pana Tadeusza Taube i Panią Henriettę Fankhauser, których pomoc finansowa umożliwiła zorganizowanie tej wystawy. Dla Pana Taube jest to jeden z wielu programów kulturalnych w Polsce, które wspiera wraz z Fundacją Rodziny Taube. Chciałbym również podziękować Pani Profesor Darii Nałęcz, Naczelnemu Dyrektorowi Archiwów Państwowych, z którą współpracujemy owocnie już od wielu lat – za użyczenie dokumentacji z archiwów polskich. Wśród pracowników Instytutu Hoovera, którzy pracowali nad tą wystawą, wypada mi wymienić wicedyrektor Elenę Danielson, kuratora Zbiorów Wschodnioeuropejskich Macieja Siekierskiego oraz głównego autora i realizatora wystawy – Pana Zbigniewa Stańczyka.

John Raisian
Dyrektor Instytutu Hoovera
przy Uniwersytecie Stanforda

Historię Polski XX wieku znaczą niezwykle tragiczne wydarzenia – I i II wojna światowa, a zarazem wielkie, polityczne przełomy – odzyskanie niepodległości w 1918 r., pokonanie niemieckiego najeźdźcy w 1945 r. i obalenie komunizmu w 1989 r.

Dziś, kiedy dzięki wywalczonej demokracji mamy poczucie politycznego bezpieczeństwa, kiedy cieszymy się z wejścia do Unii Europejskiej i z nadzieją obserwujemy rozwój gospodarczy naszego kraju, powinniśmy pamiętać o tych, którzy pomagali Polsce w jej najtrudniejszych chwilach. Jednym z takich ludzi był Herbert Hoover – bohater prezentowanej wystawy, na której pragniemy przypomnieć jego osobistą pomoc, a także wsparcie jego ojczyzny, Stanów Zjednoczonych Ameryki, udzielone narodowi polskiemu w czasie obu wojen światowych oraz w momencie odradzania się państwowości polskiej po I wojnie światowej i dźwigania się kraju z ruin po zwycięstwie nad hitlerowskim najeźdźcą.

Postać Herberta Hoovera, wybitnego polityka i prezydenta USA, była w okresie międzywojennym znana niemal każdemu Polakowi. Jego nazwisko figurowało na pierwszych stronach gazet, na jego cześć urządzano parady, nadawano mu honorowe dyplomy polskich uczelni i honorowe obywatelstwa miast, dedykowano mu nawet pomnik dłuta jednego z najwybitniejszych rzeźbiarzy Xawerego Dunikowskiego, odsłonięty w centrum Warszawy na skwerze jego imienia na Krakowskim Przedmieściu. Wreszcie dostąpił zaszczytu najwyższego – w 1922 r. Sejm RP podjął uchwałę o nadaniu mu honorowego obywatelstwa Rzeczypospolitej. Wniosek w Sejmie w tej sprawie – pozwolę tu sobie wtrącić wątek rodzinny – złożył mój dziadek, dr Stefan Rottermund, poseł na Sejm, członek Polsko-Amerykańskiego Komitetu Pomocy Dzieciom.

Tak naród polski dziękował Hooverowi za jego humanitarną działalność – za żywność, odzież i lekarstwa, ratujące miliony Polaków od głodu, nędzy i chorób, oraz surowce i środki transportu konieczne do uruchomienia zniszczonej gospodarki w odradzającym się państwie polskim. Dziękował szczególnie za opiekę nad tysiącami osieroconych dzieci, które Hoover otaczał specjalną troską. Po II wojnie światowej jego nazwisko nierozerwalnie złączone było z wielką akcją dostaw UNRRA, dzięki której paczki z żywnością i innymi niezbędnymi do życia produktami docierały do najodleglejszych zakątków naszego kraju.

Wystawa jest pierwszym w Polsce przedsięwzięciem prezentującym działalność Herberta Hoovera w naszym kraju. Pokazano na niej nieznane w Polsce materiały archiwalne pochodzące z zasobów amerykańskich, m.in. z Hoover Institution Archives, Herbert Hoover Presidential Library i Iowa Historical Society, a także ze zbiorów polskich, głównie Archiwum Akt Nowych.

Pragnę złożyć podziękowania Instytutowi Hoovera za przygotowanie ekspozycji i możliwość goszczenia jej w Zamku Królewskim w Warszawie, szczególnie zaś inicjatorom wystawy: dr. Johnowi Raisian, dyrektorowi Instytutu, dr Elenie Danielson, dyrektor Biblioteki i Archiwum Instytutu, dr. Maciejowi M. Siekierskiemu, kuratorowi Zbiorów Europy Wschodniej, i Zbigniewowi L. Stańczykowi, autorowi wystawy. Dziękuję wszystkim, bez których wystawa nie mogłaby się odbyć – amerykańskim i polskim instytucjom wypożyczającym obiekty, a także Naczelnej Dyrekcji Archiwów Państwowych za umożliwienie ekspozycji dokumentów ze zbiorów polskich. Dziękuję też Pani kustosz Małgorzacie Pleskaczyńskiej-Chylińskiej, kuratorowi wystawy, oraz innym pracownikom Zamku Królewskiego w Warszawie, którzy pod jej kierunkiem współorganizowali wystawę.

Mam nadzieję, że ekspozycja prezentująca działalność tego wspaniałego Amerykanina – jego bezinteresowną, świadczoną często z prywatnych źródeł pomoc oraz sympatię, jaką żywił do boleśnie doświadczonego narodu polskiego, wzbudzi zainteresowanie publiczności, a jej echa dotrą do społeczności amerykańskiej. Wydaje się to szczególnie ważne teraz, gdy nastąpiło tak znaczne zbliżenie między naszymi krajami.

Prof. dr hab. Andrzej Rottermund
Dyrektor Zamku Królewskiego w Warszawie

The history of 20th century Poland is marked by extraordinarily tragic events – the two World Wars, as well as, by great political breakthroughs – recovery of independence in 1918, the defeat of German aggressors in 1945 and the overthrow of communism in 1989.

Today, thanks to hard-won democracy we have a feeling of political security, we are happy with joining the European Union and look with hope at the economic development of our country. We should also remember those who helped Poland in her most difficult moments. One such man is Herbert Hoover – the hero of this exhibition, which not only recalls his personal help, but also that extended to the Polish people by his homeland, United States of America – during both World Wars, as well as at a time of restoration of Poland's statehood after World War I, and finally the reconstruction of the country after Hitler's aggression.

During the interwar period, Herbert Hoover, great statesman and President of the United States, was well know to virtually all Poles. His name was on the front pages of newspapers, parades were organized in his honor, he received honorary diplomas from Polish universities, and honorary citizenships from Polish cities. One of the best sculptors, Xawery Dunikowski, created a monument dedicated to him, which was unveiled in the center of Warsaw in a square bearing his name on Krakowskie Przedmieście Street. Finally, he was given the highest honor. In 1922, the Legislative Assembly of the Polish Republic passed a resolution bestowing on him honorary citizenship of the Polish Republic. I would like to note a family connection with this event. The Legislative Assembly motion in this matter was made by my grandfather, Dr. Stefan Rottermund, deputy and member of the Polish-American Committee for Assistance to Children.

The Polish nation thanked Herbert Hoover for his humanitarian work, and for food, clothing and medicines, for rescuing millions of Poles from hunger, misery and disease, as well as for raw materials and means of transportation necessary for restarting the devastated economy of the reemerging Polish state. The nation thanked him especially for care of thousands of orphaned children, whom Hoover treated with special attention. After World War II his name was inseparably connected with the great work of UNRRA deliveries, thanks to which parcels with food and other necessities reached the most distant corners of our country.

The exhibition is the first attempt to present Herbert Hoover's work in Poland. It includes archival materials unknown in Poland from American repositories, including the Hoover Institution Archives, Herbert Hoover Presidential Library, Iowa Historical Society, as well as from Polish collections, principally Central Archives of Modern Records, and the Jewish Historical Institute.

I wish to express my thanks to the Hoover Institution for preparing the exhibition and for an opportunity to host it in the Royal Castle in Warsaw, especially to Dr. John Raisian, director of the Institute, Dr. Elena Danielson, director of the Library and Archives of the Institute, Dr. Maciej Siekierski, curator of the East European Collection, and to Mr. Zbigniew L. Stanczyk, the author of the exhibition. I wish to thank everyone without whom the exhibition could not have been possible – American and Polish institutions loaning exhibition items, as well the Directorate-General of Polish State Archives for making it possible to exhibit documents from Polish holdings. I am grateful to Curator Małgorzata Pleskaczyńska-Chylińska, the administrator of the exhibition, as well as to other employees of the Royal Castle in Warsaw, who under her direction helped to present this exhibition.

It is my hope, that the exhibition while presenting the work of this magnificent American – his selfless assistance, frequently with the use of private resources, as well as his sympathy, which he demonstrated for the people of Poland, will attract the attention of the public, and that it will reverberate in the American society. This is especially important, since our two countries have now become so close.

Professor Andrzej Rottermund
Director of the Royal Castle in Warsaw

Gdy niemowlęta naszej stacji podrosną,
matki im opowiedzą, co dla nich zrobiła
Ameryka i wielki jej przedstawiciel
Hoover.

Stacja Opieki nad niemowlętami
Jerozolimska 79

(Warszawa 1921)

HERBERTOWI HOOVER'OWI

Herbert Hoover, Honorowy Obywatel Rzeczypospolitej Polskiej

Herbert Hoover, Honorary Citizen of the Republic of Poland

Prof. dr Marian Marek Drozdowski

Sejm Ustawodawczy Rzeczypospolitej Polskiej 28 lutego 1922 r. obdarzył Herberta Hoovera godnością honorowego obywatela Rzeczypospolitej. W dziejach polskiego parlamentaryzmu żaden z obcokrajowców nie został tak wyróżniony. Pytanie: dlaczego? Odpowiedź daje nasza wystawa na Zamku Królewskim w Warszawie, w Bibliotece Stanisławowskiej, możliwa dzięki szlachetnym darczyńcom Panu Tadeuszowi Taube i Pani Henrietcie Fankhauser, a przygotowana przez zespół naukowy Instytutu Hoovera według scenariusza Pana Zbigniewa Stańczyka, pracownika tegoż Instytutu. Jako amerykanista i historyk dziejów Warszawy, cieszę się, że dzięki wystawie moje miasto w 130. rocznicę urodzin H. Hoovera i 40. rocznicę jego śmierci, w czasie obchodów 60-lecia Powstania Warszawskiego, przypomni moim rodakom, a także tysiącom turystów odwiedzających Warszawę zasługi Hoovera w niesieniu pomocy dla Polski i innych krajów Europy Środkowo-Wschodniej.

On February 28, 1922, the legislative assembly of the Republic of Poland bestowed on Herbert Hoover an honorary citizenship of the Republic. In the history of Polish parliamentary practice no foreigner has received such an honor. Why? The answer to this question is provided in our exhibition in the Warsaw Royal Castle, in the Royal Library. Thanks to the generous financial support of donors like Thaddeus Taube and Henrietta Fankhauser, this exhibition was prepared by a team of researchers from the Hoover Institution, according to a script written by Zbigniew L. Stanczyk, a member of the Institution. As an Americanist and a historian of Warsaw, I am very glad that thanks to this exhibition, has been organized on the 130th anniversary of Herbert Hoover's birth and the 40th anniversary of his death, during the commemoration of the 60th anniversary of the Warsaw Uprising. My city will remind my countrymen, as well thousands of tourists visiting Warsaw, of Hoover's contributions in providing assistance to Poland and to the countries of East Central Europe.

Ten amerykański mąż stanu, pochodzący z rodziny kwakrów, realizujący ich ideały humanistyczne, wybitny działacz Partii Republikańskiej, prezydent Stanów Zjednoczonych Ameryki Północnej w latach 1929-1933, spotkał w 1892 r. światowej sławy polskiego pianistę i kompozytora Ignacego Jana Paderewskiego, późniejszego ideowego przywódcę Polonii Amerykańskiej w latach 1915-1918 i premiera rządu polskiego w 1919 r. Gdy w lutym 1892 r. Paderewski koncertował na zachodnim wybrzeżu Stanów, entuzjastycznie przyjmowany przez melomanów amerykańskich, Herbert Hoover, student inżynierii i górnictwa na Uniwersytecie Stanforda, zorganizował dla niego koncert, z którego częściowy dochód przeznaczono na cele studiów. Po tym koncercie zrodziła się przyjaźń między polskim artystą a Hooverem. Trwała ona do ostatnich dni życia Paderewskiego.

This American statesman, born in a family of Quakers, striving toward their humanitarian ideals, an eminent member of the Republican party, President of the United States during 1929-1933, in 1892 met the world-famous pianist and composer Ignacy Jan Paderewski, the future moral leader of American Poles during 1915-1918 and prime minister of the Polish government in 1919. When in February 1892 Paderewski, toured the West Coast, greeted enthusiastically by American music lovers, Herbert Hoover, then a student of mining and engineering at Stanford organized a concert for him as a benefit for Stanford students. The concert gave birth to a friendship between the Polish artist and Hoover. It lasted until the final days of Paderewski's life.

W wieku siedemnastu lat Hoover był jednym z czterystu studentów na Uniwersytecie Stanforda, którzy wzięli udział w ceremoniach inauguracyjnych otwierających uniwersytet 1 października 1891 r. Był też w pierwszej grupie absolwentów uniwersytetu w 1895 r. Na zdjęciu: Hoover (drugi od lewej) wraz ze studentami i wykładowcami. (HHPL)

At age seventeen, Hoover (standing second from left) joined four hundred other students at Stanford University for the inaugural ceremonies that opened the university on October 1, 1891. He graduated in Stanford's pioneer class in 1895. (HHPL)

Rodzina Jesse Hoovera (ojca Herberta Hoovera), 1891.
Przodkowie Hoovera przybyli do Ameryki pod koniec XVIII wieku. Władze imigracyjne zmieniły nazwisko z Huber na Hoover. Rodzice Herberta – dzieci pionierów, byli kwakrami, którzy postępowali według wczesnochrześcijańskich pacyfistycznych zasad. Przez całe życie Hoover kładł nacisk na wartości religijne: poszukiwanie pokoju, porozumienie i humanitaryzm, które czyniły kwakrów aktywnymi filantropami. (HHPL)

Family of Jesse Hoover (father of Herbert Hoover), 1891. Hoover's ancestors immigrated to America at the end of the eighteenth century, at which time immigration authorities changed their then last name, Huber, to Hoover. Herbert's parents, both the children of pioneers, were Quakers and thus strongly pacifist. Throughout his life Hoover emphasized his religious background, which promotes peace, understanding, and humanitarianism. (HHPL)

„Strzeżcie się pokładania wiary w armii i flocie; zachowajcie pokój w sobie samych, w słowach i czynach, i módlcie się do Ojca Wszechświata, aby napełnił duchem pojednania serca jego zagubionych i skłóconych dzieci".

Z *The Richmond Declaration of Faith* (1887), deklaracji wiary konserwatywnego odłamu Religijnego Towarzystwa Przyjaciół (kwakrów).

"Guard against placing your dependence on fleets and armies; be peaceable yourselves, in words and actions, and pray to the Father of the Universe that he would breathe the spirit of reconciliation into the hearts of his erring and contending creatures."

From *The Richmond Declaration of Faith* of 1887, the classic statement of faith of the orthodox branch of the Religious Society of Friends (Quakers).

Ciekawie wówczas reagowała na koncerty Paderewskiego amerykańska krytyka muzyczna. W „Musical Courier" z 17 marca 1897 r. w artykule *Drapieżny Polak* czytamy m.in.: „Drapieżny Polak był zawsze podpalaczem Europy, zarówno przed 1848, jak po tym roku rewolucji. Teraz trzymany żelaznymi szponami Rosji, Polak dokonuje rewolucji w świecie towarzyskim i artystycznym. Jeśli zdarza się, że gra na fortepianie, a często tak jest, to staje się on w oczach sentymentalnych ludzi drugim Tadeuszem z Warszawy". Do tych sentymentalnych Amerykanów należał Hoover, a pierwszym Tadeuszem z Warszawy na gościnnej ziemi amerykańskiej był Tadeusz Kościuszko, ulubiony bohater historyczny Paderewskiego i Hoovera.

It is interesting how American musical critics reacted to Paderewski's concerts. The "Musical Courier" of March 17, 1897, recalling the revolutionary movements of 1840's, referred to Poles as predators and arsonists of Europe. Now held down by Russia's iron grip, Poles carry out revolution in the social and artistic world. If a Pole happens to play the piano, as it frequently is the case, he soon becomes in the eyes of sentimental people "a second Thaddeus from Warsaw". Hoover was one of those sentimental people and the first Thaddeus from Warsaw was Thaddeus Kosciuszko, the favorite historical hero of both Paderewski and Hoover.

Ignacy Jan Paderewski w 1883 r. Po debiucie Paderewskiego w Carnegie Hall w 1891 r. nastąpiła tura 117 koncertów, która przyniosła mu wielką popularność. Hoover uważał Paderewskiego wraz z Piłsudskim za „dwóch z sześciu lub siedmiu wielkich idealistów świata" i poza kontaktami dyplomatycznymi utrzymywał z Paderewskim przyjazne stosunki. (HILA)

Jan Ignacy Paderewski in 1883. Paderewski's U.S. debut at Carnegie Hall in 1891 was followed by a 117-concert North American tour, which brought him great popularity. Hoover regarded Paderewski, together with Pilsudski, as "two out of the six or seven great idealists of the world" and maintained a personal friendship with Paderewski over the years. (HILA)

Kościuszko i Pułaski, polscy bohaterowie narodowi, walczyli
o wolność Polski i Ameryki. W swych „Czternastu Punktach"
prezydent Wilson nawoływał o wolną i niepodległą Polskę
w powojennej Europie. Dziękując mu za oddanie polskiej sprawie,
Paderewski pisał do Wilsona: „Twoje imię stało się bliskie
narodom uciemiężonym i na zawsze pozostanie głęboko wyryte
w sercach wszystkich Polaków, jako imię wielkiego poplecznika
prawa Polski do wolności i niepodległości". (HILA)

Thaddeus Kosciuszko and Casimir Pulaski, Polish national heroes,
fought for the liberty of both Poland and America. In his Fourteen
Points, President Wilson called for a free and independent Poland
in postwar Europe. Thanking him for his commitment to the Polish cause, Paderewski wrote Wilson that "your name has become
dear to oppressed Nations, and will for ever remain deeply en-
graved in the hearts of all Poles, as the name of the great advocate
of Poland's right to freedom and independence." (HILA)

Hoover interesował się sprawami polskimi
między innymi pod wpływem Paderewskiego. Czytał
w prasie amerykańskiej nie tylko o nowych sukce-
sach artystycznych polskiego pianisty, ale także
o brutalnej akcji germanizacyjnej w zaborze pruskim,
o rewolucji 1905-1907 r. i setkach rozstrzelanych
jej uczestników i tysiącach skazanych na syberyjską
katorgę. Wielkie wrażenie na Hooverze musiała
wywrzeć manifestacja przyjaźni polsko-amerykańskiej
w maju 1910 r., związana z Kongresem Narodowym
Polskim w Waszyngtonie i przekazaniem Narodowi
Amerykańskiemu przez Polonię Amerykańską
pomnika Tadeusza Kościuszki i Kazimierza
Pułaskiego – dwóch bohaterów amerykańskiej
wojny o niepodległość. Hoover będzie wspominał
tę uroczystość jako prezydent Stanów Zjednoczonych.
O jego zainteresowaniu sprawami polskimi i innych
krajów europejskich świadczy pierwsza wizyta
w Polsce i Europie w 1913 r. Był to rok szczytowego
poziomu polskiej emigracji do Stanów Zjednoczonych,
obejmującej ok. 130 tys. osób. Rok 1913 był dla
Warszawy i Warszawskiego Okręgu Przemysłowego
rokiem koniunktury gospodarczej, korzystającej
z szerokiego rynku rosyjskiego przygotowującego się
do działań wojennych.

Hoover was interested in Polish affairs,
in part due to the influence of Ignacy Paderewski.
Hoover read in the American press not only about
the latest musical successes, but also about the brutal
Germanization program in Prussian Poland, the
revolution of 1905-1907, and the hundreds of its
participants who were executed and the thousands
who were sent to Siberian hard labor. Hoover must
have been very impressed with the great manifesta-
tion of Polish-American friendship connected with
the Polish National Congress in Washington and the
gift to the American people of the monuments to
Thaddeus Kosciuszko and to Casimir Pulaski, to heroes of the American war for independence. Hoover
recalled this celebration when he was President of
the United States. Hoover's interest in Polish and
European affairs was demonstrated in his first trip to
Poland in 1913. This was the peak year of Polish immigration to the United States, which reached about
130,000. That year was for Warsaw and for the
Warsaw industrial region a year of economic boom,
benefiting from the wide Russian market in prepara-
tion for war.

Stronica z książki J. Orłowskiego *Herbert Hoover – Jego Życie,
Program i Praca przy Odbudowie Polski*, Warszawa, AAN, Archiwum I. J. Paderewskiego

A page from J. Orłowski's book on Herbert Hoover. The caption
reads: "Herbert Hoover and Paderewski, collaborators in the work
of restoring Poland." (AAN)

Pierwsza wojna światowa oznaczała wielki dramat dla ludności zamieszkującej terytorium dawnego państwa polskiego. Przymusowa branka do armii zaborczych prowadziła do bratobójczych walk po przeciwnych stronach frontu. Władzom zaborczym udało się poprzez przymusowy pobór zwerbować około 2 mln żołnierzy z ziem polskich, którzy musieli walczyć za obcą sprawę przeciwko sobie. 400 tys. z nich straciło życie. Wielu po latach wróciło z obozów jenieckich schorowanych, niezdolnych do normalnego życia.

The First World War presented a great moral dilemma for the population inhabiting the territory of the former Polish state. Compulsory draft into the occupying powers' armies let to fratricidal fighting on both sides of the front. The occupying powers were able to draft about two million soldiers from Polish territories, who had to fight each other for someone else's cause. Four hundred thousand of them lost their lives. Many of them returned years later from prisoner of war camps as invalids, unable to lead a normal life.

Armia niemiecka w Polsce w 1915 r. W czasie I wojny światowej zostało zmobilizowanych 11 mln Niemców, z których prawie 2 mln zginęło i ponad 4 mln zostało rannych. (HILA)

The German army in Poland in 1915. Eleven million Germans were mobilized, of which almost two million were killed, and more than four million were wounded during World War I. (HILA)

14

„Najpierw będzie zabijanie na straszną skalę, iż będzie niemożliwym pchnięcie wojsk do decydujących starć... W kolejnej wojnie wszyscy będą w okopach, łopata będzie żołnierzowi tak niezbędna jak karabin".

Jan Bloch, polski magnat kolejowy i pisarz. Przepowiednia o nadchodzących wojnach XX stulecia z opublikowanej w roku 1897 *Wojny w przyszłości*.

"At first there will be increased slaughter on so terrible a scale as to render it impossible to get troops to push the battle to a decisive issue... Everybody will be entrenched in the next war, the spade will be as indispensable to the soldier as his rifle."

Jan Bloch, Polish railroad magnate and author, from the *War in the Future*, 1897.

„Bezbarwne, zobojętniałe, niekończące się pułki, maszerujące w śmiertelnym zimnie... To nie byli ludzie idący na śmierć za swoją ojczyznę, to byli ludzie idący na śmierć".

Rosyjski żołnierz opisujący swoich towarzyszy na froncie wschodnim, 1915.

"Colorless, expressionless, endless regiments marching through dead cold... They were not men who were going to die for their country, they were going to die."

A Russian soldier describing his comrades on the eastern front, 1915.

Przez ¾ terytorium ziem polskich przetoczył się walec wojny, powodując olbrzymie zniszczenia w infrastrukturze techniczno-gospodarczej, w budownictwie mieszkaniowym, zabudowie gospodarstw domowych, w stanie zasiewów i zbiorów oraz zasobów leśnych. Wojna spowodowała także milionowe migracje ludności, szczególnie z byłego Królestwa Polskiego i dawnych wschodnich kresów Rzeczypospolitej oraz z terenów zaboru austriackiego, tzw. Galicji. Skromniejszy był wpływ działań wojny na zabór pruski i Śląsk odłączony od Polski w XIV wieku.

The steamroller of war drove through more than three-quarters of Polish territories, causing horrendous destruction in the technical-economic infrastructure, in housing, farm buildings, in agriculture and forestry. The war also caused displacement of millions especially in the Kingdom of Poland, in the eastern borderlands, and in the territories of Austrian occupation, so-called Galicia. Less affected by war were the territories of Prussian occupation and Silesia, which was separated from Poland in the 14th century.

W 1914 r. armia rosyjska była największą armią na świecie. Służyło w niej prawie 13 mln żołnierzy, w tym 700 tys. Polaków przymusowo wcielonych do wojska. Około 2 mln rosyjskich żołnierzy poległo na polu walki. (HILA)

In 1914 the Russian army was the largest army in the world. Almost thirteen million served in the army, 700,000 of whom were forcibly drafted Poles. An estimated two million Russian soldiers were killed. (HILA)

Na froncie wschodnim działania wojenne toczyły się głównie na ziemiach polskich, przynosząc ogromne straty w ludziach, zniszczenia w przemyśle, komunikacji i rolnictwie. W niektórych powiatach ponad 50% mieszkańców straciło domostwa, a 12% osiedli zostało zrównanych z ziemią. Nocą 1 maja 1915 r., w czterogodzinnym bombardowaniu, Niemcy wystrzelili 700 000 pocisków armatnich na Gorlice i ich okolice. Noc wcześniej żołnierze w okopach po obu stronach porozumiewali się ze sobą po polsku: „Bracia, rzućmy broń i wracajmy do domu. To nie nasza wojna". (HILA)

On the eastern front much of the war was fought on Polish lands, resulting in massive losses of life among the local population and damage to industry, communications, and agriculture. Housing shortages in some districts affected more than 50 percent of the population; 12 percent of all settlements in Poland were leveled to the ground. On the night of May 1, 1915, in a four-hour bombardment, the Germans fired 700,000 shells on the area surrounding the city of Gorlice. The night before, the Polish soldiers who had been conscripted into the German army and were now in trenches across the front line, shouted in Polish: "Brothers, let's drop the arms and go home. It isn't our war." (HILA)

██ Od sierpnia 1914 r., szczególnie po zbombardowaniu Kalisza przez wojska niemieckie, tragiczne wieści docierały z Polski do Hoovera i przywódców Polonii Amerykańskiej. Jej czołowe organizacje, pod wpływem sugestii Departamentu Stanu, powołały 12 października 1914 r., na miejsce istniejącego Centralnego Komitetu Polskiego, Polski Centralny Komitet Ratunkowy. Zwrócił się on do społeczeństwa amerykańskiego z prośbą o pomoc żywnościową i sanitarną dla mieszkańców Polski, dotkniętych skutkami działań wojennych. PCKR utrzymywał kontakt z amerykańskim konsulatem w Warszawie i dzięki jego pomocy opiekował się warszawskim szpitalem dla ofiar wojny, który korzystał z darów Polonii Amerykańskiej. Organem PCKR, który także informował Hoovera o sytuacji w Polsce, była „Free Poland".

██ Beginning in August 1914, particularly after the German army bombarded the city of Kalisz, tragic news from Poland was reaching Hoover and the leaders of American Poles. On October 12, 1914, in response to State Department suggestions, principal Polish American organizations called forth the Polish Central Relief Committee, which replaced the Central Polish Committee. It appealed to American society for food and medical assistance for Polish war victims. The PCRC was in contact with the American consulate in Warsaw and thanks to its assistance took care of a Warsaw hospital for victims of the war, which received donations from American Poles. "Free Poland" was the principal periodical of the PCRC, which also provided Hoover with information on Poland.

Uchodźcy z Galicji, 1915.
Trzy miliony ludzi opuściło domy w ucieczce na wschód. Dokądkolwiek się udawali, przynosili ze sobą choroby, ubóstwo i chaos. Uciekinierzy blokowali linie kolejowe, uniemożliwiając dostawy zarówno dla ludności cywilnej, jak i armii. Jeden z członków rosyjskiej Rady Ministrów tak wyraził swoje zaniepokojenie sytuacją w sierpniu 1915 r.: „Te wędrówki ludzi wwiodą Rosję w ciemności, rewolucję i ruinę". (HILA)

Refugees from Galicia, 1915. Three million people left their homes for the east, bringing sickness, hunger, poverty, and chaos. Refugees choked the railroad system, making deliveries to the civilian population and the army impossible. A member of the Russian Council of Ministers stated in August 1915: "These migrations will lead Russia into darkness, revolution and ruin." (HILA)

„Mężczyźni, którzy walczyli w kilku wojnach i wielu krwawych bitwach, mówili mi, że żadne okropności na polu bitewnym nie dadzą się porównać ze straszną, niekończącą się ucieczką ludności..."

Rosyjski generał Wasyl Hurko, opisując problem uchodźców, z których miliony uciekło za rosyjską linię frontu.

"Men who fought in several wars and many bloody battles told me that no horrors of a field of battle can be compared to the awful spectacle of the ceaseless exodus of a population..."

Russian general Vasil Hurko describing the problem of refugees, millions of whom fled eastward behind Russian lines during the war.

„W Polsce są zboża i ziemniaki... Inne rodzaje żywności nie istnieją, a są one konieczne dla zachowania zdrowia mocnych, życia słabych oraz aby zapobiec już występującym chorobom wywoływanym przez głód".

Hoover do sir Edwarda Greya, ministra spraw zagranicznych Wielkiej Brytanii, 1915.

"There are cereals and potatoes available in Poland... Other dietary items do not exist in Poland, and they are critically necessary to preserve health to the strong, life to the weak, and to forefend from the whole population already incipient famine diseases."

Hoover to Sir Edward Grey, British foreign minister, 1915.

Po wizycie kierownictwa Związku Sokołów Polskich u prezydenta Woodrowa Wilsona 10 lutego 1915 r., gospodarz Białego Domu wydał oświadczenie solidaryzujące się z cierpiącą Polską. Obiecał interwencję u przywódców państw walczących celem zniesienia embarga na dostawy amerykańskiej żywności i lekarstw dla polskiego społeczeństwa. W ścisłych kontaktach z PCKR pozostawali przywódcy Generalnego Komitetu Pomocy Ofiarom Wojny w Polsce: Henryk Sienkiewicz – prezes, Ignacy Paderewski – wiceprezes i Antoni Osuchowski – sekretarz generalny. Sugerowali oni członkom PCKR przyjęcie aktywniejszej postawy w przełamywaniu blokady, przede wszystkim angielskiej – amerykańskich transportów z pomocą dla ziem polskich. Poprzez PCKR Sienkiewicz poinformował rząd i społeczeństwo amerykańskie o dramatycznej sytuacji żywnościowej na terenach polskich objętych działaniami wojennymi. Przypomniał także, że jego Komitet obejmuje swoją akcją charytatywną wszystkich potrzebujących mieszkańców ziem polskich bez względu na wyznanie i narodowość.

After the visit of the leaders of the Polish Falcons Association to President Wilson on February 10, 1915, the President issued a statement sympathizing with suffering Poland. He promised intervention with the leaders of the belligerent states in an effort to eliminate embargoes on the delivery of American food and medicines for the Polish people. The leaders of the General Committee for Aid to the Victims of War in Poland: Henryk Sienkiewicz, president, Ignacy Paderewski, vice-president, and Antoni Osuchowski, general secretary, were in close contact with the PCRC. They advised members of the PCRC to take a more active stance in breaking the blockade, especially the British one, of American transports with relief for Polish territories. It was with the help of the PCRC that Sienkiewicz informed the government and the American public about the dramatic food situation in the Polish territories within the war zone. It also emphasized that his Committee includes in its charitable work all the needy inhabitants of Polish lands, regardless of religion and nationality.

Alegoria Ameryki opłakującej Polskę, ofiarę głodu. „Free Poland", 1916. (HILA)

Allegory of America mourning Poland, the victim of starvation.
Semimonthly "Free Poland", 1916. (HILA)

FREE POLAND

A SEMI-MONTHLY

The Truth About Poland and Her People

"Entered as second-class matter January 16, 1915, at the post office at Chicago, Illinois, under the Act of March 3, 1879."

ol. II.—No. 23   **AUGUST 16, 1916**   5 Cents a Copy

Some Day—Perhaps

—Bradley in the Chicago Daily News

European Powers bicker over the question of Polish Relief — while a whole population suffers.

Negotiations are being carried, while thousands die for lack of food. The xcellent crop prospects which are given as an excuse for delay are only pro-pects, and before the harvest several thousands may die of hunger.

The Powers are bickering over details, while a whole people is threatened with annihilation.

The Powers are bickering over details, while the suffering of the people of Poland is four times as large as that of Belgium.

It is bread they want. If bread be refused, a whole nation will die, and its leath—to the eternal disgrace of the "civilized" Powers of Europe — will con-stitute the direst tragedy in the annals of mankind.

Żydzi i żołnierz węgierski, wschodnia Polska, 1915. (HILA)

Jews and a Hungarian soldier, eastern Poland, 1915. (HILA)

W pierwszej odezwie do Polonii Amerykańskiej z dnia 22 maja 1915 r. Paderewski stwierdził: „Nie należę do żadnego politycznego stronnictwa i nie przychodzę was pouczać, byście w tym lub innym poszli kierunku... Przybywam tutaj z wyciągniętą dłonią, prosić o pomoc dla kobiet, starców, dzieci, o wsparcie dla wdów i sierot, o nasiona dla z wszystkiego mienia ograbionych kmieci, o chleb dla zgłodniałej rzeszy robotników polskich, którzy dziś nigdzie nie znajdują pracy".

In his first message to American Poles of May 22, 1915, Paderewski said: "I do not belong to any political party and I do not come to lecture you so that you should go in this or that direction... I come here with my hand stretched out asking for help for women, old people, children, for aid for widows and orphans, for seed for peasants who have been robbed of everything, for bread for the hungry Polish workers, who today can not find any work".

Zajęcie Warszawy przez wojska niemieckie, a później całego Królestwa Polskiego przez wojska państw centralnych spowodowało wydanie nowego oświadczenia PCKR z dnia 7 sierpnia 1915 r. Uwzględniało ono z jednej strony neutralność Stanów Zjednoczonych w wojnie, z drugiej zaś wyrażało współczucie dla ofiar wojny i deklarowało wzmożoną pomoc dla nich. Głośnym echem w Stanach Zjednoczonych odbił się apel biskupa krakowskiego Adama Sapiehy z 25 grudnia 1914 r., wzywający rządy i społeczeństwa wszystkich walczących stron do humanitarnego traktowania ludności cywilnej i jeńców wojennych. Z podobnym apelem zwracał się do walczących państw papież Benedykt XV. Te apele docierały do Herberta Hoovera.

The occupation of Warsaw by the German army and later of the whole of the Kingdom of Poland by the Central Powers, was the occasion of a new declaration by the PCRC dated August 7, 1915. On the one hand it made allowance for the neutrality of the United States in the war, and on the other hand it expressed sympathy for the victims of the war and declared increased assistance for them. The December 25, 1914 appeal by Cracow bishop Adam Sapieha calling on governments and the people of all of the belligerent parties to treat civilian population and prisoners of war humanely was well received in the United States. Pope Benedict XV made a similar appeal to the fighting states. These appeals reached Herbert Hoover.

Bosonogi chłopiec sprzedający niemieckojęzyczne gazety na ulicach Łodzi, 5 sierpnia 1915. Nagłówek donosi o zajęciu Warszawy przez Niemców. Przemysł tekstylny Łodzi mocno ucierpiał z powodu działań wojennych. Miasto zostało odcięte od rynku rosyjskiego, maszyny rozgrabione przez wojska niemieckie, a 200 000 bezrobotnych, dotąd utrzymujących się z pracy w przemyśle włókienniczym, pozostało bez środków do życia. Dziesiątki tysięcy robotników porzuciło miasto i wróciło do rodzinnych wsi. (HILA)

Barefoot boy selling German-language newspapers on the streets of Lodz, August 5, 1915, with the headline "Warsaw Has Fallen." Textile factories were particularly badly hit by the war. The city was cut off from the Russian market, the machinery was looted by the German army, and 200,000 people, who had relied on textile mills for their livelihood, last their job. Ten of thousand abandoned the city and returned to their natal villages. (HILA)

Wojsko niemieckie przed Teatrem Wielkim w Warszawie, 1915.
Po założeniu Komisji Pomocy Belgii w kraju, który cierpiał głód z powodu blokady, w 1915 r. Hoover osiągnął porozumienie, aby stworzyć podobną organizację pod nazwą Międzynarodowa Komisja Pomocy Polsce. Jesienią wysłał
swojego przedstawiciela Vernona Kellogga, by wynegocjował z Niemcami możliwość dostaw do okupowanej Polski.
Herbert Hoover pisał 22 grudnia 1915 r. do sir Edwarda Greya, brytyjskiego ministra spraw zagranicznych: „Nie można
zakwestionować powagi sytuacji w Polsce, jak i nie muszę przepraszać za zainteresowanie naszej organizacji Polakami, po-
mimo naszych innych poważnych zobowiązań. Nie chcemy dodawać sobie nowych obciążeń, lecz czternaście miesięcy
służby w Belgii pozwoliło nam zdobyć zaufanie walczących stron i jest naszym obowiązkiem wykorzystać to zaufanie
na rzecz ludności Polski". Polska została pozbawiona pomocy zewnętrznej do momentu zawieszenia broni. (HILA)

German troops in front of the Warsaw Wielki Theatre, 1915.
Having successfully organized and directed the Commission for Relief of Belgium, when Belgium was enduring a
blockade, Hoover reached an agreement in 1915 to establish the International Commission for Relief in Poland
In the autumn he sent Vernon Kellogg to negotiate with the Germans about possible deliveries to occupied Poland.
Herbert Hoover wrote to Sir Edward Grey, British foreign minister, on December 22, 1915: "The painful gravity of
the situation in Poland cannot be gainsaid, nor need I apologize for the interest this organization has taken in the
Polish people, in addition to our other very grave responsibilities. We have no desire to add to our burdens, but if the
fourteen months of service in Belgium have commended us to the various belligerent Governments, it is our duty to
use the confidence thus acquired on behalf of the Polish people." But Poland was denied outside relief until after the
armistice. (HILA)

W listopadzie 1915 r. Hoover, ówczesny prezes Komisji Pomocy Belgii, za zgodą okupacyjnych władz niemieckich wysłał swego współpracownika Vernona Kellogga do Warszawy w celu zbadania sytuacji ekonomicznej okupowanego terytorium ziem polskich. Od 6 sierpnia 1915 r. do 11 listopada 1918 r. Warszawa była okupowana przez wojska niemieckie. Był to okres gospodarczej degradacji miasta, upadku przemysłu, rzemiosła, handlu, finansów, okres ogólnej pauperyzacji ludności, szczególnie robotników i pracowników umysłowych. Po obowiązkowej mobilizacji mężczyzn do armii rosyjskiej, przymusowej ewakuacji czołowych zakładów przemysłowych do Rosji i ucieczce głodnych, bezrobotnych warszawiaków na wieś, liczba mieszkańców miasta zmniejszyła się z 884,5 tys. w 1914 r. do 666,7 tys. w 1918 r.

In November 1915, Hoover, then head of the Commission for Relief of Belgium, with the permission of German occupation authorities, sent his associate, Vernon Kellogg, to Warsaw to examine the economic situation of Occupied Poland. Between August 6, 1915 and November 11, 1918 Warsaw was occupied by German forces. This was a period of economic degradation of the city, the collapse of industry, crafts, trade, finance, a period of general pauperization of the population, especially the blue and white collar workers. After a compulsory mobilization of men into the Russian army, forcible evacuation to Russia of key industrial enterprises, and the flight to the countryside of hungry, unemployed people of Warsaw, the population of the city decreased from 884,500 in 1914 to 666,700 in 1918.

Hoover w biurze AAP, 1921. (HILA)

Hoover in his ARA office, 1921. (HILA)

W czasie okupacji zastój gospodarczy, brak surowców i węgla, utrata dotychczasowych rynków zbytu, a przede wszystkim rabunkowa polityka niemiecka doprowadziły do wprowadzenia 10 października 1915 r. kartkowej reglamentacji chleba, mąki, a później innych towarów powszechnego użytku. Choroby, a szczególnie epidemia tyfusu i grypy, dziesiątkowały słabo odżywianą ludność Warszawy. Wskaźnik zgonów wzrósł z 18,6‰ w 1914 r. do 31,7‰ w 1918 r. Wojenna wędrówka ludności objęła przede wszystkim ludność chrześcijańską, stąd odsetek ludności wyznania mojżeszowego wzrósł w Warszawie z 38,1 w 1914 r. do 44,7 w 1917 r. Wojenna pauperyzacja objęła znaczną część ludności wyznania mojżeszowego, szczególnie chałupników, rzemieślników i drobnych kupców.

During the occupation, economic stagnation, lack of raw materials and coal, loss of markets, and most of all exploitative German policies led to the introduction on October 10, 1915 of rationing first of bread, then flour, and finally of other basic goods. Diseases, especially the epidemics of typhoid and flu, decimated the malnourished population of Warsaw. The death rate increased from 18.6 per thousand in 1914 to 31.7 in 1918. The wartime migration of population involved largely the Christian population; thus the percentage of Jewish population in Warsaw increased from 38.1 in 1914 to 44.7 in 1917. Wartime pauperization included a large portion of the Jewish population, especially cottage laborers, craftsmen and small traders.

Niemieccy żołnierze ze skonfiskowanym bydłem na terenie Galicji, 1915. Ciągłe rekwizycje dokonywane przez władze okupacyjne doprowadziły do zmniejszenia się pogłowia o 30% w porównaniu ze stanem przedwojennym. W wyniku konfiskat koni ponad 300 000 ha ziemi leżało odłogiem, doprowadzając do drastycznych braków żywności. Rolnicy byli zmuszeni używać krów do uprawy ziemi, pozbawiając się w ten sposób mleka. (HILA)

German soldiers with confiscated cattle, Galicia, 1915. The occupying powers' constant confiscation of livestock led to its decrease in some areas by 30 percent of what it had been before the war. The confiscation of horses left 750,000 acres of land uncultivated and led to drastic food shortages. Farmers were forced to use cows to cultivate land, thus depriving themselves of milk supplies. (HILA)

Kraśnik. Rosyjska i niemiecka taktyka „spalonej ziemi" pozostawiła większość terenu działań wojennych niezdatną do zamieszkania. (HILA)

Kraśnik. The scorched-earth retreat by Germans and Russians left much of the war zone uninhabitable. (HILA)

„Po wyjściu Rosjan z Brześcia w 1915 r. miasto zostało spalone przez wojsko rosyjskie, a wszyscy mieszkańcy musieli opuścić okolice. Stan dewastacji był tak duży, że Niemcy nie pozwalali nikomu powrócić do miasta, aż do sierpnia 1918 r. W mieście nie ma wystarczającej liczby domostw dla wracających mieszkańców, wielu zmuszonych jest mieszkać w piwnicach i opuszczonych fortach okalających miasto".

Por. Maurice Pate, w sprawozdaniu z podróży do Brześcia i Pińska, 9 marca 1919, „Biuletyn AAP", 22 kwietnia 1919.

"On the departure of the Russians from Brest in 1915 the town was set on fire by the Russian army and every inhabitant was obliged to leave the country. The state of devastation was so complete that the Germans allowed no one to return to the town until August 1918. There are not enough buildings left standing in the town for the former inhabitants who are now returning, so that a number of these are obliged to live in the underground casemates of the abandoned forts surrounding the town."

Lieutenant Maurice Pate reporting on his trip to the Brest-Pinsk district on March 9, 1919, "ARA Bulletin", April 22, 1919.

Równolegle z akcją charytatywną Generalnego Komitetu Pomocy Ofiarom Wojny, korzystającego przede wszystkim z darów Polonii Amerykańskiej, na terenie Królestwa Polskiego rozwijała działalność Fundacja Rockefellera, powołana w marcu 1910 r. Od 1914 r. próbował współpracować z tą Fundacją Herbert Hoover, który w tym czasie kierował w Londynie Komisją Pomocy Belgii. Już na początku 1915 r. rozważano sprawę rozszerzenia działalności Fundacji Rockefellera na okupowaną przez Niemców część Królestwa Polskiego. Niestety, brak zrozumienia ze strony Fundacji dla prac Komisji Pomocy Belgii i niekonsekwentne stanowisko wobec władz niemieckich uniemożliwiły dalszą współpracę.

The charitable work of the General Committee for Aid to the Victims of War, based largely on the gifts of American Poles, was paralleled by the activities of the Rockefeller Foundation, created in March of 1910. Herbert Hoover tried to cooperate with this Foundation since 1914, while directing from London the Commission for Relief of Belgium. Already in the beginning of 1915, consideration was given to the possibility of widening the activity of the Rockefeller Foundation to the German-occupied part of the Kingdom of Poland. Unfortunately, Rockefeller Foundation's lack of understanding of the work of the Commission for Relief of Belgium and its inconsistent dealings with the German authorities, made continuing cooperation impossible.

Hoover i Kitty Dalton z organizacji Rycerzy Kolumba sprawdzają dostawy wysyłane do Europy, Nowy Jork, 24 stycznia 1921. (HHPL)

Hoover and Kitty Dalton of the Knights of Columbus inspect supplies being sent to Poland by the European Relief Council, Brooklyn, New York, January 24, 1921. (HHPL)

Istotną pomoc od pierwszych miesięcy wojny świadczył ludności polskiej Amerykański Czerwony Krzyż, przekazujący zbierane wśród Amerykanów fundusze na konta działających w Ameryce na rzecz Polski organizacji charytatywnych. Fundusze Amerykańskiego Czerwonego Krzyża umożliwiły zakup ubrań wysłanych do dyspozycji Naczelnego Komitetu Narodowego, który niósł pomoc ofiarom wojny w Galicji po ofensywie wojsk rosyjskich. 17 grudnia 1915 r., z inicjatywy amerykańskiego senatora Johna W. Kerna ze stanu Indiana, prezydent Wilson proklamował dzień 1 stycznia 1916 r. dniem, w którym naród Stanów Zjednoczonych zechce złożyć ofiary, jakie uzna za odpowiednie dla niesienia pomocy znękanemu klęskami narodowi polskiemu. O udział w tej akcji apelowali 24 grudnia 1915 r. gubernator stanu Illinois Edward F. Dunne, burmistrz Chicago William Hale Thompson oraz gubernator stanu Indiana Samuel M. Ralston. Efekt proklamacji prezydenta i wspomnianych apeli był żenująco skromny.

Since the first months of the war, the American Red Cross provided significant assistance to the Polish population, by transferring funds collected from the American public to the accounts of American charitable organizations active in Poland. Funds received from the American Red Cross enabled the purchase of clothing send for distribution by the Supreme National Committee, which assisted the victims of war in Galicia following the Russian offensive. On December 17, 1915, on the initiative of the American senator John W. Kern, President Wilson proclaimed January 1, 1916 as the day on which the people of the United States will be able to donate whatever they deem appropriate to provide assistance to the Polish people impoverished by disasters. On December 24, 1915, the governor of the state of Illinois, Edward F. Dunne, the mayor of Chicago, William Hale Thompson, and the governor of the state of Indiana, Samuel M. Ralston all urged participation in this action. The effect of the President's proclamation and the other appeals was embarrassingly modest.

Ofiara wojny, 1919. (HHPL)

Young victim of war, 1919. (HHPL)

„Nowoczesna wojna jest skierowana bardziej przeciw ludności cywilnej niż wojsku, a dziecko jest niewinną ofiarą wojny. Bóle głodowe dziecka są bardziej dokuczliwe niż u dorosłego, a szkody wyrządzone przez głód trwalsze".

„Biuletyn AAP", 29 kwietnia 1919.

"Modern warfare is directed against nations rather than against armies, and the child is the innocent victim of war. The pangs of hunger in the child are more intense than in the adult, and the miseries of starvation are more persistent."

"ARA Bulletin", April 29, 1919.

■ Hoover zdawał sobie sprawę, że trzeba znaleźć bardziej efektywną formę pomocy dla Polski i innych krajów europejskich, dramatycznie dotkniętych skutkami wojny. Tymczasem, utrzymując poprzez swoich współpracowników kontakt z Paderewskim i czołowymi przywódcami Polonii Amerykańskiej, namawiał ich, by rozwinęli polityczną kampanię na rzecz przełamania brytyjskiej blokady transportów żywności do Polski. W tej sprawie 8 stycznia 1916 r. PCKR wysłał telegram do prezydenta Wilsona oraz do premiera rządu brytyjskiego Herberta Asquitha, który nie dał nań pozytywnej odpowiedzi. Z prośbą o pomoc żywnościową dla głodującej Polski PCKR zwrócił się do rządów Rosji, Włoch, Niemiec i Austrii. Istotne znaczenie praktyczne miała wówczas jedynie deklaracja

Herberta Hoovera, że po zniesieniu brytyjskiej blokady gotów jest się podjąć zorganizowania pomocy dla Polski. Prawdopodobnie z inspiracji Hoovera Paderewski prowadził w tej sprawie obszerną korespondencję z członkami rządu brytyjskiego i francuskiego. Z nowym apelem o pomoc dla głodującej Polski zwrócił się do przywódców państw walczących sam prezydent Wilson, starając się pozyskać głosy Polonii w wyborach 1916 r. Otrzymał pozytywną odpowiedź cara Rosji i prezydenta Francji. Anglicy nie zmienili zdania w tej sprawie. Polonia Amerykańska gotowa była zorganizować demonstracje antyangielskie, w ostatniej chwili odwołane przez Paderewskiego w imię prestiżu walczącej z państwami centralnymi ententy.

„Wojna mająca zakończyć wszystkie wojny" stała się najkrwawszą i najbardziej destruktywną w historii ludzkości. Wielka Brytania i jej imperium straciły 1 mln żołnierzy; Francja 1,3 mln; Rosja niemal 2 mln; Niemcy i ich sojusznicy 3,5 mln. Dzienne straty w ludziach przekraczały 5500. W bitwie pod Verdun w 1916 r. straciło życie prawie 700 tys. osób. Żadna ze stron nie zyskała taktycznej lub strategicznej przewagi.

Hoover realized that it was necessary to find a more effective form of assistance to Poland and to the other European countries drastically touched by the effects of war. In the meantime, remaining in contact through his associates with Paderewski and the top leaders of American Poles, Hoover advised them to develop a political campaign aimed at breaking the British blockade of food transports to Poland. On January 8, 1916, the PCRC sent a telegram regarding this matter to President Wilson and to the British Prime Minister Herbert Asquith, who did not respond positively. The PCRC pleaded with the governments of Russia, Italy, Germany and Austria for food assistance for starving Poland. The only meaningful practical significance came from Herbert Hoover's declaration that he is ready to use his organization to provide assistance to Poland after the elimination of the British blockade. Probably inspired by Hoover, Paderewski engaged in extensive correspondence with members of the British and the French governments. In an effort to gain the votes of American Poles in the election of 1916, President Wilson addressed a new appeal to the leaders of the warring nations for assistance to starving Poland. He received a positive response from the tsar of Russia and the president of France. The British did not change their point of view in this matter. American Poles were ready to stage anti-British demonstrations, which were called off at the last moment by Paderewski because of his concern for the prestige of the Entente fighting against the Central Powers.

"The war to end all wars" became the most bloody and destructive thus far in human history. Great Britain and its empire lost more than 1,000,000 soldiers; France, 1,300,000; Russia, 2,000,000; Germany and its allies, 3,500,000, totaling more than 5,500 a day. In one battle, Verdun in 1916, almost 700,000 lost their lives, with neither side gaining tactical or strategic advantage.

Poelcapelle, Belgia, grudzień 1918. (HHPL)

Poelcapelle, Belgium, December 1918. (HHPL)

A FIELD OF VICTORY

„Pole zwycięstwa" – plakat kampanii Hoovera, 1918. Brak żywności w Europie Środkowej znacznie przyczynił się do załamania machiny wojennej. Pomoc żywnościowa była niezbędna dla utrzymania pokoju i uchronienia tego zniszczonego wojną regionu od rewolucyjnych wpływów. Z chwilą zakończenia wojny w 1918 r., 220 mln mieszkańców Europy było dokarmianych przez Amerykańską Administrację Żywności. Hoover jako dyrektor tej instytucji wprowadził akcję oszczędzania żywności i eliminowania jej marnotrawstwa. Jego program, pod szeroko spopularyzowanym hasłem „żywność wygra wojnę", pozwolił zredukować spożycie w Stanach Zjednoczonych o 15%, bez wprowadzania reglamentacji żywności, i przekazać zgromadzone zapasy na potrzeby dotkniętej głodem ludności Starego Kontynentu. W październiku 1918 r. Hoover wysunął propozycję przedłużenia programu pomocy żywnościowej dla Europy po zawieszeniu broni i przekształcenia Administracji Żywności w agencję pomocy Europie. W listopadzie 1918 r. uzyskał aprobatę prezydenta Wilsona i nominację na stanowisko dyrektora Amerykańskiej Administracji Pomocy. (HILA)

"Field of Victory" Herbert Hoover campaign poster, 1918. Because food shortages in Central Europe had contributed greatly to the collapse of the war machine, food relief became necessary to avert revolution and preserve peace in the region. By the time the war was over in 1918, 220 million people around Europe had been fed by the U.S. Food Administration. Hoover's responsibility as the director was to conserve food, eliminate waste, and deliver food to the people in Europe. Introducing the slogan "Food will win the war," Hoover, without rationing, reduced consumption by 15 percent. In October 1918 Hoover proposed extending the relief program following the cessation of hostilities. On November 1918, he received Wilson's approval and was appointed the chief of American Relief Administration. (HILA)

12 lipca 1916 r. PCKR w obszernym memoriale do prezydenta Wilsona prosił o znaczne rozszerzenie amerykańskiej akcji na rzecz głodujących rodaków w Polsce. Wkrótce, 17 sierpnia 1916 r., PCKR wyłonił tzw. Wydział Narodowy, nazwany później Polskim Wydziałem Narodowym. Wydział Narodowy wobec fiaska starań o zniesienie brytyjskiej blokady transportów żywności z USA do Polski postanowił skoncentrować się na działalności politycznej. Tej reorientacji sprzyjała ogólna atmosfera w USA, gdzie coraz głośniej manifestowano opinie o szkodliwości polityki neutralności Stanów Zjednoczonych. PCKR wysyłał żywność i lekarstwa do Polski za pośrednictwem Generalnego Komitetu Pomocy Ofiarom Wojny H. Sienkiewicza. Zgon polskiego noblisty 15 listopada 1916 r. okrył żałobą całą Polonię Amerykańską, kraj i liczne kręgi inteligencji amerykańskiej znające jego twórczość. Trzy dni po śmierci Sienkiewicza prasa amerykańska opublikowała jego dramatyczny apel do wszystkich narodów cywilizowanego świata w sprawie konieczności pomocy Polsce. Po tym apelu 18 grudnia 1916 r. prezydent Wilson ponownie wystosował notę do rządów państw centralnych w sprawie umożliwienia niesienia amerykańskiej pomocy ofiarom wojny w Polsce.

On July 12, 1916, the PCRC sent a lengthy memorandum to President Wilson asking for a significant increase in the American program on behalf of the starving fellow-countrymen in Poland. Soon after, on August 17, 1916, the PCRC created the National Department later called the Polish National Department. Because of the failure of the efforts to eliminate the British blockade of food shipments to Poland, the National Department decided to concentrate its efforts on political activity. The political climate in the United States favored such reorientation, as views critical of the policy of the neutrality of the United States were expressed more vocally. The PCRC continued to send food and medicines to Poland with the assistance of the General Committee for Aid to the Victims of War of Henryk Sienkiewicz. The death of the Polish Nobel laureate on November 15, 1916 brought mourning to all American Poles, Poland and to numerous Americans familiar with his work. Three days after his death the American press published his dramatic appeal to all nations of the civilized world on the necessity for assistance to Poland. After this appeal, President Wilson again, on December 18, 1916, sent a note to the governments of the Central Powers to enable American assistance for the victims of war in Poland.

Nowym impulsem dla zaangażowania amerykańskiej administracji w sprawę pomocy dla Polski były bezpośrednie kontakty Paderewskiego z prezydentem Wilsonem i pomoc płk. Edwarda House'a w organizowaniu tych kontaktów. House był doradcą prezydenta do spraw europejskich.

Paderewski's direct contacts with President Wilson, as well as the help of Col. Edward House, provided a fresh impulse for engaging the American administration into the matter of aid to Poland. House was the President's advisor for European affairs.

Dzieci francuskie przyglądające się amerykańskim żołnierzom przechodzącym przez wioskę alzacką, 1917. (HILA)
Children watching U.S. soldiers pass through an Alsatian village, 1917. (HILA)

Amerykańskie wojsko w Londynie, 1917.
W czasie I wojny światowej zostało zmobilizowanych prawie 4,5 mln Amerykanów, z których 126 000 zginęło. Pierwsze amerykańskie oddziały, liczące 180 000 żołnierzy, wylądowały we Francji 27 czerwca 1917 r. Ich przybycie podniosło morale sprzymierzonych. Do maja 1918 r. było ich 500 000, a do końca wojny ponad 2 mln żołnierzy z Amerykańskich Sił Ekspedycyjnych służyło pod rozkazami gen. Johna J. Pershinga. (HILA)

American troops, London, 1917.
Almost 4.5 million American men were mobilized and 126,000 American soldiers died in World War I. The first U.S. troops (almost 180,000 soldiers) arrived in France on June 27, 1917, raising the morale of the Allies. By May 1918 there were 500,000 American troops in France; by the end of the war, there were more than two million men in the American Expeditionary Force under the command of General John J. Pershing. (HILA)

11 stycznia 1917 r. Paderewski wystosował do prezydenta Wilsona dwa memoriały, w których prosił go o poparcie starań Polaków o odzyskanie niepodległości w granicach dawnej Rzeczypospolitej zorganizowanej jako Stany Zjednoczone Polski, tj. jako unia łącząca tereny etnicznej Polski z terenami Litwy, Białorusi i Ukrainy, a także Pomorza Gdańskiego. 22 stycznia 1917 r. prezydent Wilson złożył w Senacie amerykańskim historyczne orędzie następującej treści: „Żaden pokój nie może być trwały, nie powinien być trwały, jeśli nie uznaje i nie przyjmuje tej zasady, iż rządy czerpią całą swą władzę ze zgody rządzonych... Uważam to za rzecz pewną, że mężowie stanu wszędzie zgodni są co do tego, iż powinna istnieć zjednoczona, niepodległa i samodzielna Polska". Orędzie prezydenta Wilsona zostało przyjęte z entuzjazmem przez wszystkich Polaków zdających sobie sprawę, że przyczynia się ono do umiędzynarodowienia sprawy niepodległości Polski. Aktywizowało także Amerykanów zaangażowanych w sprawę pomocy dla Polski, w tym ekipę Hoovera.

On January 11, 1917, Paderewski submitted two memoranda to President Wilson, in which he asked him to support the Polish efforts to regain independence, within the boundaries of the old Republic – organized as a United States of Poland, that is a union of ethnic Poland with the territories of Lithuania, Belarus, and Ukraine, as well as Gdansk Pomerania. On January 22, 1917, President Wilson delivered a historic address in the US Senate, stating that there can be no lasting peace without recognizing the basic principle that governments derive their authority from the wishes of those governed, and that he is certain that statesmen everywhere agree that there should be a united, independent and sovereign Poland. All Poles received the President's address enthusiastically. The address also spurred to action Americans involved in assistance to Poland, including Hoover's team.

Gdy Stany Zjednoczone dojrzewały do decyzji przystąpienia do wojny po stronie państw ententy jako państwo sprzymierzone, 3 kwietnia 1917 r., na zjeździe Związku Sokołów Polskich w Pittsburghu, Paderewski rzucił hasło utworzenia stutysięcznej Armii Polskiej im. Tadeusza Kościuszki jako armii sojuszniczej przy Armii Amerykańskiej. Administracja amerykańska nie wyraziła zgody na powołanie tej armii. Po wielu zabiegach Paderewskiego i Polskiego Wydziału Narodowego PCKR, 13 października 1917 r. sekretarz wojny Newton D. Baker wyraził zgodę na rekrutację ochotników do Armii Polskiej we Francji. Rekrutacja mogła obejmować osoby polskiego pochodzenia nie posiadające obywatelstwa amerykańskiego. Nowym sukcesem Paderewskiego, który dysponował specjalnymi pełnomocnictwami Polskiego Wydziału Narodowego PCKR, było uznanie Komitetu Narodowego Polskiego, którego był reprezentantem na obie Ameryki, za oficjalną polską organizację, będącą namiastką rządu polskiego. Rząd amerykański wyraził jednocześnie zgodę na uznanie agencji konsularnej KNP w Stanach Zjednoczonych dla poprawy sytuacji prawnej Polaków nie posiadających obywatelstwa amerykańskiego.

When the United States was nearing its decision to enter the war on the side of the Entente, as an associated power, Paderewski, on April 3, 1917, at the Polish Falcons convention in Pittsburgh floated the idea of creating a 100,000-strong Polish Army named after Thaddeus Kosciuszko, an army allied with the American forces. The American administration did not grant permission for the creation of such an army. After numerous efforts from Paderewski and the Polish National Department of the PCRC, on October 13, 1917, the Secretary of War, Newton D. Baker, agreed to the recruitment of volunteers for the Polish Army in France. Recruitment could include Poles who did not have American citizenship. A fresh success for Paderewski, who had special authorization from the Polish National Department of the PCRC, was the recognition by the US government of the Polish National Committee, which Paderewski represented in both Americas, as an official Polish organization, a surrogate Polish government. The American government agreed at the same time to recognize the consular agency of the PNC for the purpose of improving the legal status of Poles who did not have American citizenship.

Amerykańscy żołnierze zamieniają nazwę ulicy z Hindenburg Strasse na Wilson U.S.A. (HILA)

American soldiers change the name of the street from Hindenburg Strasse to Wilson U.S.A. (HILA)

Po przyznaniu rosyjskiemu Rządowi Tymczasowemu pożyczki w wysokości 300 mln dolarów wzmogły się naciski Paderewskiego i innych przywódców Polonii Amerykańskiej na administrację Wilsona, by w nowym akcie politycznym i decyzjach ekonomicznych zamanifestowała swoje poparcie dla odradzającej się Polski. Tym aktem politycznym był 13. punkt programu pokojowego prezydenta Wilsona z 8 stycznia 1918 r. W programie była mowa o przywróceniu niepodległości Polsce z dostępem do Morza Bałtyckiego. Niezawisłość polityczna i gospodarcza Polski oraz jej całość terytorialna miały być zagwarantowane paktem międzynarodowym.

Nowym sukcesem Paderewskiego i Romana Dmowskiego, prezesa KNP, była deklaracja ententy z 3 czerwca 1918 r. w sprawie Polski. Głosiła ona: „Utworzenie Polski zjednoczonej i niepodległej, z dostępem do morza, stanowi jeden z warunków pokoju trwałego i sprawiedliwego oraz przywrócenia panowania prawa w Europie". Wcześniej, w maju tegoż roku, wyjechał do Polski delegat papieża Benedykta XV, Achille Ratti, manifestując poparcie Stolicy Apostolskiej dla niepodległości Polski i przygotowując Kościół katolicki do nowej sytuacji prawnej ziem polskich; jednocześnie pod opiekę KNP został przekazany Instytut św. Stanisława w Rzymie.

Jaki był faktyczny bilans pomocy Polonii Amerykańskiej i charytatywnych organizacji amerykańskich dla Polski przed akcją Amerykańskiej Administracji Pomocy, zorganizowanej 24 lutego 1919 r. z inicjatywy Hoovera? W świetle badań dr Danuty Płygawko, autorki starannie udokumentowanego studium *Polonia Devastata. Polonia i Amerykanie z pomocą dla Polski (1914-1918)* (Poznań 2003), w ciągu ponad czterech lat działalności Generalny Komitet Pomocy Ofiarom Wojny w Polsce otrzymał blisko 20 mln franków szwajcarskich, tj. równowartość 4 mln dolarów. W tej sumie 2 250 tys. dolarów nadesłano ze Stanów Zjednoczonych. Były to sumy niewielkie w porównaniu z akcją pomocy organizowaną przez Hoovera.

After the granting of a 300 million dollar loan to the Russian government, Paderewski and other leaders of American Poles intensified their pressure on the Wilson administration to manifest its support for the restoration of Poland by a new political act and economic decisions. This new political act was the 13th point of President Wilson's peace program of January 8, 1918. This program included mention of restoring the independence to Poland with access to the Baltic Sea. The political and economic independence of Poland, as well as its territorial integrity, was to be guaranteed by an international treaty.

A fresh success of Paderewski and of Roman Dmowski, the president of the Polish National Committee, was the June 3, 1918 declaration of the Entente on Poland. It proclaimed that the creation of united and independent Poland, with access to the sea, is one of the conditions of a lasting and just peace and of the return of the rule of law in Europe. In early May of the same year, Achille Ratti, a delegate of Pope Benedict XV, left for Poland, thus demonstrating the Holy See's support for the independence of Poland and preparing the Catholic Church for the new legal situation of the Polish territories. At the same time, the Institute of St. Stanislaus in Rome was turned over to the care of the PNC.

What was the actual balance sheet of the assistance to Poland from American Poles and from American charitable organizations, before the start of the American Relief Administration initiated by Hoover on February 24, 1919? In the light of the research of Dr. Danuta Płygawko, the author of meticulously documented study *Polonia Devastata: American Poles and Americans with help for Poland (1914-1918)* (Poznan, 2003), during its four years of work, the General Committee for Aid to Victims of War in Poland received nearly 20 million Swiss franks, or the equivalent of 4 million US dollars. Out of that sum, 2.25 million came from the United States. These were small sums in comparison to the program of assistance organized by Hoover.

Pomóż Polsce w imię chrześcijańskiej dobroczynności, w imię wspólnego dobra: Chleba dla Polskich Kobiet i Dzieci. Archiwum I. J. Paderewskiego (AAN)

Archives of I. J. Paderewski (AAN)

HELP POLAND

In the name of Christian Charity—in the name of common humanity:

SOME BREAD for the POLISH WOMEN and CHILDREN
—I. J. PADEREWSKI

Kiedy Paderewski i Dmowski prowadzili rozmowy z prezydentem Wilsonem i przywódcami Żydów amerykańskich, w połowie października 1918 r., gdy bliskie było zawieszenie broni, Hoover przystąpił do organizacji na szeroką skalę pomocy żywnościowej dla centralnej i południowo-wschodniej Europy. Ponownie wysłał do Polski dr. Kellogga na czele specjalnej misji, 18 grudnia 1918 r. prosząc sekretarza stanu Roberta Lansinga o jej legalizację i pomoc transportową. 3 stycznia 1919 r. misja przybyła do Warszawy, gdzie ją serdecznie powitano. W Warszawie aktywny członek KNP, późniejszy minister spraw zagranicznych w drugim gabinecie Władysława Grabskiego, Maurycy hrabia Zamoyski, oddał do jej dyspozycji swój pałac Błękitny. Misja przeprowadziła serię rozmów z Tymczasowym Naczelnikiem Państwa Józefem Piłsudskim i ministrem aprowizacji Antonim Minkiewiczem. W skład Amerykańskiej Misji Żywnościowej (taka była jej oficjalna nazwa) wchodzili: obok Kellogga, płk William Grove, por. Chauncey McCormick, kpt. Leo M. Czaja, Aleksander Znamięcki, Jan Horodyski i sierżant J. Oliff.

When in mid-October 1918, Paderewski and Dmowski conducted discussions with President Wilson and the leaders of American Jews, and an armistice was hanging in the balance, Hoover began to organize on a large scale food assistance for Central and South-Eastern Europe. He sent Kellogg again to Poland, as head of a special mission, and on December 18, 1918 asked the Secretary of State Robert Lansing for its legalization and for transportation assistance. The mission arrived in Warsaw on January 3, 1919, where it was warmly greeted. In Warsaw, Maurice Count Zamoyski, an active member of the Polish National Committee and the future minister of foreign affairs in the Władysław Grabski government, put his Blue Palace at the disposal of the mission. The mission held a series of meetings with the Provisional Head of State, Józef Piłsudski, and the minister of food supply, Antoni Minkiewicz. The membership of the American Food Mission to Poland (that was its official name) included, besides Kellogg, Col. William Grove, Lt. Chauncey McCormick, Capt. Leo M. Czaja, Alexander Znamięcki, Jan Horodyski and Sgt. J. Oliff.

№ 3   Warszawa, 4

PRZEGLĄD

Wilno zajęli polacy

Niemcy chcą utrzymać połączenie z Ukrainą

Tak donosi wiedeńska „Arbeiter Ztg."

WIEDEŃ. 4.I. (PAT) Arbeiter Ztg. donosi, że do Berlina przybył przewodniczący rady żołnierskiej 10 armji niemieckiej, który prosił o wysłanie posiłków wojskowych w okolice Wilna celem zapewnienia odwrotu wojsk niemieckich i utrzymania połączenia z Ukrainą. Rząd litewski opuścił Wilno i przybył do Kowna. Wilno zajęli polacy.

Mi
przy

Roz

Dziś o god
ją warsz.-wie
szawy specja
Polski misja
ność; Rządu
nych Ameryj
Misję twor

Pierwsza amerykańska misja do Polski, wysłana przez Herberta Hoovera, styczeń 1919. Od lewej: Aleksander Znamięcki, płk William R. Grove, Vernon Kellogg, por. Chauncey McCormick, kpt. Leo M. Czaja. (HILA)

The American mission to Poland, January 1919. Left to right: Alexander Znamięcki, Colonel William R. Grove, Vernon Kellogg, Lt. Chauncey McCormick, and Captain Leo M. Czaja. (HILA)

nia 1919 r. Sobota

VIECZORNY

amerykańska
ła do Warszawy
na potrzeby żywnościowe Polski

t rano kole-
la do War-
gowana do
jum Żyw-
Zjednoczo-

ka troska na barkach kraju. Nazwisko p. profesora tak zaszczy-
tnie zapisane w dziejach pomocy
aprowizacyjnej pozwala nam mieć
nadzieję, że przyjazd misji amerykańskiej do Polski zapewnia nam
pomyślne załatwienie spraw zao-

Zjazd przedstawicieli miast

Dzisiaj o 11 rano po nabożeń-
stwie w katedrze zagaił obrady
zjazd prezes związku miast A.
Suligowski. Inżynier M. Terech
zdawał sprawę z dotychcza-
swej działalności Związku miast.

Dr. Konrad Ilski zdawał sprawę z wyników swej podróży w
sprawach aprowizacyjnych do
państw koalicyjnych.

Dr. Ilski oświadczył, że żywność jest dla kraju naszego zape-
wniona.

Misja ta, i przede wszystkim Hoover, z dużym zadowoleniem przyjęli zastąpienie socjalistycznego gabinetu Jędrzeja Moraczewskiego gabinetem Ignacego Jana Paderewskiego. Amerykanie mieli zaufanie do jego programu politycznego, preferującego przyjaźń z ententą i Stanami Zjednoczonymi oraz stopniowe przechodzenie od kierowanej gospodarki etatystycznej do gospodarki wolnorynkowej. Mając dobre rozeznanie w sytuacji w Polsce, Hoover podkreślał w swych pamiętnikach: „Polska stanie się wolna tylko wtedy, gdy będzie w stanie podźwignąć się z nędzy, w jaką ją wpędzili zaborcy i okupanci; kiedy będzie całkowicie uniezależniona od tych, co wydzielają jej życiodajne racje. Walka o przetrwanie nie może zakończyć się sukcesem, jak długo Polacy mają puste żołądki".

The Mission, and especially Hoover, received with much satisfaction the substitution of the socialist cabinet of Jędrzej Moraczewski with the cabinet of Ignacy Jan Paderewski. Americans trusted his political program, which preferred friendship with the Entente and the United States as well as gradual transformation from managed statist economy to a free market economy. Having a good understanding of the situation in Poland, Hoover emphasized in his memoirs that Poland will become independent only when it will be able to rise from destitution, into which it was forced by the aggressors and occupiers, when it will be completely free of those who ration its sustenance. The struggle for survival cannot achieve success as long as the Poles have empty stomachs.

Telegram Vernona Kellogga do Herberta Hoovera po konsultacjach z przedstawicielami polskiego rządu, przeprowadzonymi w styczniu 1919 r. Polskie Ministerstwo Gospodarki Żywnościowej zgłaszało zapotrzebowanie na następujące dostawy, poczynając od 1 lutego 1919 r.: 216 000 t mąki, 72 000 t fasoli, grochu i ryżu, 54 000 t tłuszczów oraz innych artykułów – razem 350 000 t doraźnych dostaw. (HILA)

Vernon Kellogg's telegram to Herbert Hoover after consulting with Polish government representatives in January 1919. The Polish Ministry of Food ordered the following supplies (altogether 350,000 tons) beginning February 1, 1919: 216,000 tons of flour; 72,000 tons of beans, peas, and rice; and 54,000 pounds of fats and other articles. (HILA)

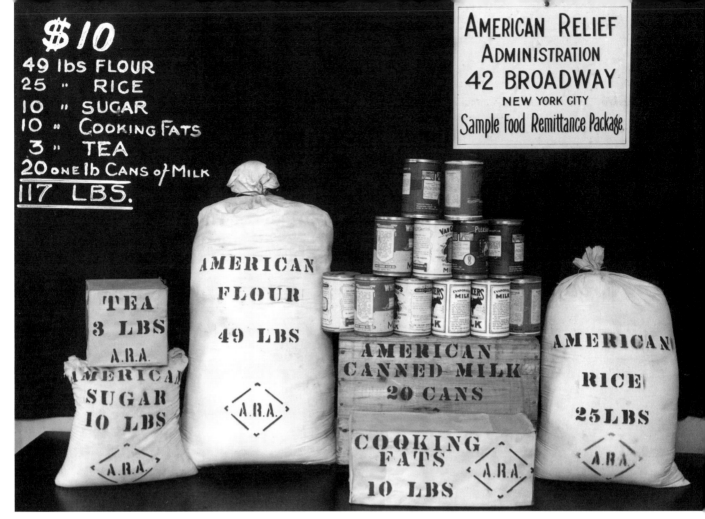

Oprócz dystrybucji żywności z własnych zasobów Amerykańska Administracja Pomocy dostarczała paczki zakupione przez Polonię. Transport do Polski był bardzo drogi. AAP była w stanie obniżyć koszty o 70%. Rocznie dostarczanych było około 50 000 paczek. Oferowano dwa rodzaje paczek: o wartości 10 i 50 dolarów. AAP była pierwszą tego rodzaju organizacją, która zorganizowała system przekazu pieniędzy, umożliwiający Amerykanom transfer z banków amerykańskich do Polski. (HHPL)

In addition to distributing food, the ARA delivered parcels from Polish Americans at 30 percent of the normal charges because the ARA was not subject to transportation or customs fees. Some 50,000 packages were delivered each year in one of two sizes: $10 and $50. The ARA also set up a remittance system whereby Americans were able to transfer funds from American banks to Poland. (HHPL)

„Minęły cztery lata od chwili, gdy podjąłem wspólnie z Panem pierwsze próby zorganizowania systematycznej pomocy dla Polski. Mimo że pomoc nadeszła tak późno i po wielu cierpieniach narodu polskiego, mam dziś powody do osobistej satysfakcji. Jest to dobry znak na drodze spełnienia polskich aspiracji, dla których poświęcił Pan życie".

Hoover w telegramie do Paderewskiego po podpisaniu przez prezydenta Wilsona 24 lutego 1919 r. aktu umożliwiającego systematyczną dostawę żywności do Polski.

"It is now four years since I first attempted, in cooperation with yourself, to secure the international organization of systematic relief to Poland, and, late as the day is and as great as the suffering of the Polish people has been, yet I witness this day with no little personal satisfaction. It marks a good omen in the road of realization of Polish aspirations to which you have devoted your life."

Learning that President Wilson signed an act on February 24, 1919, allowing continuous deliveries of food to Poland, Hoover sent the above telegram to Paderewski.

W specjalnym raporcie dla Hoovera Amerykańska Misja Żywnościowa stwierdziła, że na 27 mln osób zamieszkujących terytorium kontrolowane przez gabinet Paderewskiego, 4 mln dotknięte są klęską głodu, a 10 mln żyje na skraju ubóstwa. Misja zapowiadała szybkie dostawy do Polski 348,3 tys. ton żywności (mąki, fasoli, grochu, ryżu, tłuszczów, mleka skondensowanego). Dla zabezpieczenia swobody dostaw tej żywności, 20 stycznia 1919 r. Hoover zwrócił się do dowódcy wojsk koalicyjnych, marszałka Ferdynanda Focha, o pomoc zwycięskich mocarstw w zagwarantowaniu tranzytu żywności dla Polski przez niemieckie linie kolejowe i port w Gdańsku, którego status był wówczas nieokreślony. Prośba Hoovera została spełniona.

In a special report for Hoover, the American Food Mission found that out of 27 million people inhabiting the territory controlled by the Paderewski cabinet, 4 million were affected by hunger and 10 million lived in poverty. The Mission promised quick deliveries to Poland of 348,300 tons of food (flour, beans, peas, rice, fats, and condensed milk). In order to assure the freedom of delivery of this food, Hoover turned to the commander of the coalition forces, Marshal Ferdinand Foch for help from the victorious allies in guaranteeing the transit of the food for Poland via the German rails and the port of Gdansk, the status of which was at that time unclear. Hoover's request was granted.

Statki AAP w Gdańsku, kwiecień 1919. (HILA)
ARA ships in Gdansk, April 1919. (HILA)

„Znaczenia utrzymania uzbrojonego okrętu amerykańskiego w Gdańsku nie da się przecenić. Zbyteczne są wywody dla zrozumienia, że sukces akcji pomocy Polsce zależy od nieprzerwanego korzystania z urządzeń portowych w Gdańsku".

Allen T. Klots, Prośba o uzbrojony okręt amerykański w Gdańsku, Warszawa, kwiecień 1919. Amerykanie starali się wywrzeć presję na niemieckie władze portowe, by przestrzegały międzynarodowych postanowień.

"The importance of keeping an armed American vessel at Danzig cannot be overestimated. It requires no explanation for you to understand that the success of the whole relief proposition in Poland depends upon the uninterrupted use of the Danzig port facilities."

Allen T. Klots requests an armed U.S. vessel in Gdansk, Warsaw, April 1919. The Americans were trying to put pressure on the German port authorities to comply with international agreements.

Rozładunek mąki w Gdańsku, 1919. (HHPL)

Men unloading flour, Gdansk, 1919. (HHPL)

„Pod kontrolą Misji Amerykańskiej, składającej się w okresie największej aktywności z dwudziestu dwóch pracowników, w operacjach pomocy żywnościowej było zatrudnionych około 1750 osób... Z ich pomocą od 17 lutego do 31 lipca 1919 r. rozładowano osiemdziesiąt statków i wysłano do Polski ogółem 300 000 t zapasów przewidzianych w dostawach. 220 000 t zostało przewiezione do Polski w 16 000 wagonów, pozostałe 80 000 t popłynęło barkami Wisłą. W ten sposób osiągnięto cel gdańskiej Misji, by pomóc głodnym mieszkańcom Polski w przetrwaniu najcięższych miesięcy po zakończeniu wojny, do chwili gdy byli zdolni zebrać własne plony i podjąć na nowo wymianę handlową z zagranicą. Wykonanie zadania potwierdzały słowa polskiego publicysty hrabiego Horodyskiego, który wraz z pojawieniem się w lutym w Warszawie pierwszych wagonów z amerykańską mąką powiedział: »Ameryka jest jedynym narodem, który poczynił Polsce obietnicę – i ją wypełnił«".

Działalność Gdańskiej Misji, luty-sierpień 1919, sprawozdanie sporządzone przez Harlana S. Millera dla Wydziału Archiwów i Historii Amerykańskiej Administracji Pomocy, Gdańsk, 5 sierpnia 1919, Dokumenty AAP, vol. XVIII

"Under the supervision of the American Mission, which was composed of about twenty men at the height of the work, there were employed in the handling of the food relief shipments at Danzig about 1,750 persons... From February 17th until July 31st, 1919, this organization unloaded from eighty ships and forwarded to Poland substantially the 300,000 tons of relief supplies called for by the original program. Of this, 220,000 tons were transported to Poland in 16,000 freight cars, and the remaining 80,000 tons in 550 barges on the Vistula River. Thus was accomplished the share of the Danzig Mission in aiding the hungry people of Poland to carry on through the months of scarcity which followed the conclusion of the great war, until they could gather their own harvests, and start anew their own foreign trade relations. The full and successful accomplishment of this task justified anew the words of the Polish publicist Count Horodyski, who said, when the first carload of American relief flour arrived at Warsaw in February: 'America is the only nation that has ever made a promise to Poland – and kept it'".

Activities of Danzig Mission, February-August 1919, report prepared by Harlan S. Miller for the Department of Records and History, American Relief administration, Danzig, August 5th, 1919, ARA Docs, Vol. XVIII.

Biuro i pracownicy gdańskiego oddziału AAP, 29 lipca 1919.
W styczniu 1919 r. dla zapewnienia stałych dostaw żywności z USA niezbędne były gwarancje władz Gdańska. Wysłano grupę oficerów amerykańskich żywiących sympatie propolskie, celem pośredniczenia między Polakami a Niemcami i otwarcia kanałów transportu. Podobne problemy były rozwiązywane, zgodnie z zaleceniami Hoovera, przy pomocy Komisji Rozjemczej i Najwyższej Rady Gospodarczej. (HILA)

ARA Gdansk office and staff, July 29, 1919.
In January 1919 it was necessary to obtain guarantees from the German authorities in Gdansk to secure safe deliveries of food from the United States. A contingent of American officers with strong pro-Polish sympathies was sent to Gdansk to mediate between the Poles and the Germans and to open transportation channels. Hoover insisted that related problems be solved by the Armistice Commission and the Supreme Economic Council. (HILA)

„Zorganizowanie systemu regularnego odżywiania dzieci i niemowląt w całym kraju jest zadaniem niezwykłej wagi i niecierpiącym zwłoki. Trudno jest podać dokładne dane: jaka liczba dzieci wymaga odżywiania w Polsce, ale wedle wstępnych szacunków powiedziałbym, że w miastach przemysłowych, handlowych i górniczych jest około 2 mln dzieci w wieku od 3 do 14 lat oczekujących na żywność. Około 200 000 niemowląt do trzeciego roku życia potrzebuje mleka".

Por. Maurice Pate, z memorandum nt. żywienia dzieci w Polsce, Warszawa, 14 marca 1919.

"Establishing a regular system for feeding children and babies throughout the whole country is therefore a measure of great and immediate importance. It is difficult to give exact statistics on the number of children to be fed in Poland, but as an advance estimate I would say that in the industrial, commercial, and mining towns there are about 2,000,000 children from 3 to 14 years of age in need of food. There are about 200,000 babies up to three years of age in need of milk."

Memorandum on child feeding in Poland, Maurice Pate, Warsaw, March 14, 1919.

Ważenie mąki w jednym z magazynów. (HHPL)
Weighing flour in a warehouse. (HHPL)

W pierwszych tygodniach lutego 1919 r. do Polski dotarły specjalne dostawy mleka skondensowanego, przeznaczone dla dzieci Dąbrowy Górniczej i Lwowa. Dnia 17 lutego Gdańsk przyjął pierwsze trzy statki amerykańskie z mąką stanowiącą dar Polskiego Wydziału Narodowego i The Joint Distribution Committee. Hoover, człowiek o dużej wrażliwości moralnej, przeciwstawiał się wszelkim próbom ograniczenia pomocy żywnościowej dla Europy Środkowo-Wschodniej. Rozumiał, że bezrobocie, nędza i głód są cynicznie wykorzystywane przez propagandę komunistyczną, głoszącą miraże rozwiązania wszystkich problemów socjalnych za pośrednictwem rewolucji socjalnej, tzn. totalnej etatyzacji życia publicznego.

Special deliveries of condensed milk intended for the children of Dąbrowa Górnicza and Lwów arrived in the first weeks of February 1919. On February 17 Gdansk received the first three American ships with flour, a gift of the the Polish National Department and the Joint Distribution Committee. Hoover, a person of great moral sensitivity, opposed all efforts to limit food assistance for East Central Europe. He understood that unemployment, poverty and hunger are cynically exploited by communist propaganda, which proclaims the vision of solving all social problems with the means of social revolution, that is by complete state control of public life.

Sytuacja społeczno-ekonomiczna Polski w 1919 r. była tragiczna. Na terenie Niemiec pod koniec wojny znajdowało się ok. 700 tys. polskich robotników przymusowych oraz 140 tys. jeńców z armii rosyjskiej polskiego pochodzenia, nie licząc dawnej emigracji zarobkowej. W Austrii było ok. 80 tys. jeńców i 50 tys. uchodźców i robotników przymusowych. We Francji znajdowało się ok. 20 tys. jeńców i uchodźców. W Rosji, w wyniku mobilizacji do armii i ewakuacji wielu zakładów pracy oraz w obozach jenieckich, znajdowało się łącznie 1,2 mln osób z polskiego terytorium.

The socio-economic situation of Poland in 1919 was tragic. In Germany toward the end of the war there were about 700,000 Polish forced laborers and 140,000 Polish prisoners from the Russian army, not counting the old economic immigration. In Austria there were about 80,000 prisoners and 50,000 refugees and forced laborers. In France there were about 20,000 prisoners and refugees. In Russia, as result of army mobilization and the evacuation of many industrial enterprises, as well as in prisoner of war camps there were altogether 1.2 million people from Poland.

Polscy jeńcy wojenni w Równem w drodze do kraju, 1920. (HILA)
Równe. Polish prisoners of war on their way home, 1920. (HILA)

49

Od listopada 1918 r. do listopada 1920 r. przez etapowe punkty graniczne, zorganizowane przez Urząd Emigracyjny, przeszło blisko 2,6 mln osób, a w okresie od listopada 1920 r. do końca 1921 r. ponad 1,3 mln. Wracali do kraju ludzie wygłodzeni, chorzy, wymagający szczególnej pomocy i opieki społecznej. W wyniku zniszczeń wojennych dawnych województw wschodnich Rzeczypospolitej, Królestwa Polskiego i Galicji (zabór austriacki) rynek pracy był kompletnie zdezorganizowany. Przemysł w b. Królestwie Polskim był w stanie dać pracę tylko 14% robotników zatrudnionych w 1913 r. Wojenna dekapitalizacja przemysłu, zerwane dotychczasowe powiązania kooperacyjne, chroniczny brak wielu surowców, przede wszystkim dostaw bawełny i węgla, to sytuacja 1919 r., którą wnikliwie śledził Hoover. Po powołaniu Amerykańskiej Administracji Pomocy, dzięki dotacjom Kongresu Amerykańskiego, doprowadził on w końcu lutego 1919 r. do podpisania bilateralnych umów wspomnianej organizacji z rządami Polski, Czechosłowacji, Rumunii i Serbii w sprawie wzajemnych zobowiązań i uprawnień.

Between November 1918 and November 1920, 2.6 million people passed through border checkpoints set up by the Immigration Bureau, and between November 1920 and the end of 1921 over 1.3 million people. People returning were hungry, sick, requiring social assistance. As the result of war damages in the eastern provinces of Poland, in the Kingdom of Poland, and in Galicia (Austrian occupation) the labor market was completely disorganized. Industry in the former Kingdom of Poland was able to employ only 14% of the workers employed in 1913. Wartime decapitalization of industry, disruption of cooperative ties, chronic lack of many raw materials, especially of cotton and coal – this was the situation, which Hoover followed perceptively. After the creation of the American Relief Administration, thanks to funding from US Congress, in late February 1919 Hoover brought about the signing of bilateral agreements between the ARA and the governments of Poland, Czechoslovakia, Romania and Serbia regarding mutual obligations and rights.

Repatrianci na granicy polsko-rosyjskiej, 1919. (HILA)

Repatriates on the Polish-Russian border, 1919. (HILA)

Baranowicze – dzieci repatriowane
z Rosji w kolejce do kuchni zorganizowanej przez Amerykanów, 1919.
(HILA)

Children repatriated from Russia stand
in line for soup at a kitchen set up
by Americans in Baranowicze, 1919.
(HILA)

„Powrót uciekinierów wojennych z Rosji znacznie pogorszył sytuację żywnościową. Porucznik Pate w trakcie podróży do regionu
Brzesko-Pińskiego napotkał księdza, który powiedział, że »niemal cały swój czas spędza na odprawianiu pogrzebów, i że jedynym środkiem
przetrwania były kawałki chleba, które otrzymywał od czasu do czasu od chłopów w zamian za odprawione pogrzeby«. Pate również opisał
plakat wywieszony przez burmistrza miasta Pińska, błagający o pomoc: »Nasze szpitale i przytułki są całkowicie pozbawione żywności.
Zwracam się do tych, którzy są w posiadaniu mąki lub zapasów jakiegokolwiek rodzaju o sprzedanie ich w imię człowieczeństwa radzie
miejskiej, w możliwie najkrótszym czasie, by te instytucje mogły kontynuować funkcjonowanie w tych krytycznych chwilach«".

„Biuletyn AAP", 22 kwietnia 1919.

"The return of refugees from Russia made the food shortage even more serious. Lieutenant Pate, reporting on his trip to the Brest-Pinsk
District, met a priest who said that 'nearly all of his time was taken performing burials, and that his means of existence was a small amount of
bread he was able to get from peasants from time to time in exchange for giving burial rights.' Pate also noticed of a poster in which the mayor
of Pińsk pleads for help: 'Our hospitals and our asylums are entirely without food. I ask those who possess any flour or provisions of any other
kind to sell them to the town council as soon as possible for humanity's sake in order that these charitable institutions may continue at this
critical moment.'"

"ARA Bulletin", April 22, 1919.

Ochronka w Płocku. Flaga z napisem „Ratujcie Dzieci". (HILA)

Orphanage in Płock. Banner at the back of the room reads "Rescue the Children." (HILA)

W marcu 1919 r. z inicjatywy Hoovera w głównych miastach przemysłowych Polski powołano placówki The Children's Relief Committee. Wspomniana organizacja pomagała nie tylko dzieciom z Polski, ale także z Finlandii, Czechosłowacji, Rumunii, Austrii i Serbii. W dramatycznym apelu do Amerykanów pochodzących z wymienionych krajów Hoover prosił o materialne wsparcie działalności nowo powstałego Komitetu.

In March 1919, on Hoover's initiative, branches of The Children's Relief Committee opened in the main industrial cities of Poland. This organization helped not only the children of Poland, but also the children of Finland, Czechoslovakia, Romania, Austria, and Serbia. In a dramatic appeal to Americans of descent from these countries, Hoover asked for support for the CRC.

Poważne znaczenie dla odbudowy przemysłu polskiego po pierwszej wojnie światowej miała interwencja Hoovera w sprawie dostaw węgla z Cieszyńskiego i Górnego Śląska dla Polski. Nie była to sprawa łatwa, ponieważ trwał wówczas spór polsko-czechosłowacki w sprawie przynależności państwowej Zaolzia i spór polsko-niemiecki w sprawie Górnego Śląska, którego wyrazem były trzy powstania śląskie inspirowane przez polskich działaczy narodowych. W liście z 28 kwietnia 1919 r. Hoover poinformował sekretarza stanu Roberta Lansinga o skutkach braku węgla dla przemysłu polskiego i o konieczności powołania specjalnej Komisji Węglowej przy Najwyższej Radzie Gospodarczej, która by zagwarantowała dostawy węgla dla Polski z obu wymienionych zagłębi węglowych, będących przedmiotem sporów państwowych. Komisja, pod kierownictwem płk. Ansona C. Goodyeara, działała bardzo sprawnie. Dzięki dostawom węgla w drugiej połowie 1919 r. potrafiono uruchomić wiele nieczynnych fabryk. Rosło zatrudnienie prawie we wszystkich gałęziach przemysłowych, szczególnie w przemyśle włókienniczym, spożywczym, garbarskim, cementowym i chemicznym.

Hoover's intervention in the issue of deliveries of coal to Poland from the Cieszyn and Upper Silesia areas was important for the rebuilding of Polish industry after the First World War. This was not an easy matter because of the ongoing Polish-Czechoslovak conflict regarding sovereignty over Cieszyn-Zaolzie region and Polish-German conflict over Upper Silesia, which was manifested in three Polish uprisings inspired by Polish nationalists. In an April 28, 1919 letter to Secretary of State Robert Lansing, Hoover reported on the effects of the lack of coal for Polish industry and about the necessity of creating a Coal Commission within the Supreme Economic Council, guaranteeing deliveries of coal to Poland from both of the coal mining regions, which were objects of international disagreements. The Commission, directed by Col. Anson C. Goodyear, operated very efficiently. Thanks to deliveries of coal many idle factories could be put into operation in the second half of 1919. Employment increased virtually in all branches of production, especially in textile, food processing, leather, cement and chemical industries.

„Te dzieci zobowiązują każdego mężczyznę i kobietę, którzy mają o grosz więcej, niż potrzebują ich własne dzieci i dzieci sąsiadów. Te masy niedożywionych, półnagich, psychicznie, moralnie i fizycznie opuszczonych dzieci są prawdziwymi ofiarami wojny".

Przemówienie Hoovera podczas akcji zbierania datków na cele AAP, zamieszczone w „Boston Evening News", 3 grudnia 1920.

"These children are the obligation of every man and woman who has a penny more than his own children and his neighbor's children require. This is the real wastage of the war, this mass of the undernourished, underclad, the mentally, morally, and physically destitute children."

Hoover's speech during his collecting trips as reported by the "Boston Evening News", December 3, 1920.

Z końcem kwietnia 1919 r. przybył do Warszawy pierwszy poseł amerykański przy rządzie polskim, przyjaciel H. Hoovera, Hugh Gibson. Przywiózł ze sobą list Williama Philipsa – zastępcy sekretarza stanu – do premiera Paderewskiego w sprawie nawiązania stosunków dyplomatycznych między Polską a Stanami Zjednoczonymi. Powstanie poselstwa amerykańskiego, kierowanego przez człowieka Hoovera, wielkiego przyjaciela Paderewskiego, zdynamizowało stosunki polsko-amerykańskie w wielu dziedzinach życia. W tym czasie Amerykańska Administracja Pomocy w specjalnym memoriale skierowanym do Paderewskiego, jako premiera rządu polskiego, przedstawiła sugestie Hoovera w sprawie organizacji wymiany handlowej Polski z zagranicą. Hoover sugerował powołanie przez rząd polski specjalnej komisji handlowej. „W interesie ludności – podkreślał we wspomnianym memoriale – nie jest pożądane utworzenie monopolu rządowego, który stłumi inicjatywę prywatną. Jednym z zadań komisji byłoby zachęcić firmy handlowe, aby przystąpiły na własną rękę do eksportu i importu i wytworzyły sobie prywatny kredyt za granicą, tak jednak, iżby komisja udzielała im w tych przedsięwzięciach swego poparcia i dodawała im bodźca. W ten sposób, wraz z polepszeniem się ekonomicznego bytu ludności, byłoby możliwe, iż komisja po upływie 6-8 miesięcy ustąpi miejsca normalnemu handlowi – co będzie trzecim i ostatecznym stadium ekonomicznej odbudowy kraju". Cytowany memoriał był zachętą do rezygnacji przez Polskę 1919 r. z polityki państwowego monopolu handlu zagranicznego. Tego monopolu zawzięcie broniły lewicowe partie polityczne, które w Sejmie Ustawodawczym wybranym 26 stycznia 1919 r. dysponowały 1/3 ilości mandatów. W Warszawie zwolennicy gospodarki wolnorynkowej zdobyli w tych wyborach ponad 54% wszystkich ważnych głosów.

The first American envoy to the Polish government, Hugh Gibson, a friend of Herbert Hoover, arrived in Warsaw at the end of April 1919. He brought with him a letter from William Philips, Deputy Secretary of State, to Prime Minister Paderewski, regarding establishment of diplomatic relations between Poland and the United States. The opening of an American Legation led by Hoover's man, and a good friend of Paderewski, contributed to a very dynamic development of Polish-American relations. The American Relief Administration, in a special memorandum directed to Paderewski as the prime mnister of Poland, presented Hoover's suggestions on the question of Poland's foreign trade. Hoover suggested the creation by the Polish government of a special trade commission. He emphasized in the memorandum that it is not in the interest of the people to create a government monopoly, which will suppress private initiative. One of the tasks of the commission would be to encourage businesses to engage on their own in export and import so that they would develop private credit abroad, supported and stimulated by the commission. This way, as the economic condition of the population improves, after 6-8 months the commission could step back and allow normal trade, which would mark the third and final stage of the economic reconstruction of the country. The memorandum was an encouragement for Poland to relinquish state monopoly of foreign trade. This monopoly was vigorously defended by leftist political parties, which had at their disposal one-third of the mandates in the Legislative Assembly elected on January 26, 1919. In Warsaw, supporters of a free trade economy won over 54% of valid votes in the election.

Hugh Gibson w czasie wręczania J. Piłsudskiemu listów uwierzytelniających, kwiecień 1919. (HHPL)

Hugh Gibson presents his credentials to J. Piłsudski, Warsaw, April 1919. (HHPL)

Dziewczynka ze Szkoły Publicznej w Samborze, finansowanej przez AAP. Płaszcze i buty były w dużych rozmiarach, by wystarczały na wiele lat. (HILA)

Girl from the Public School for Women in Sambor, which was supported by the ARA. Coats like the one worn in the picture were made much larger and the shoes several sizes bigger so they would last longer. (HILA)

Unfortunately, the struggle for the borders in the East, South and West, the necessity of supporting a large army, the expense of funding reviving state and local apparatus, as well as the treatment of Poland by influential capital investment groups as a seasonal state, made a rapid transformation from government controlled economy to a free market economy very difficult. After sending the memorandum to Paderewski, on May 6, 1919, Hoover sent a letter to Paderewski in which he provided financial guarantee for food deliveries until the next harvest, as well as shipments of cotton for the idle textile industry of the Lodz Industrial District. He also wrote that he is ready to advise Poland how to reach other economic goals. On his advice, after consultation with Piłsudski, on June 9 Paderewski asked the State Department to allow Poland to buy, at competitive prices, surplus American military equipment left in France. Paderewski's request was granted. Poland received American shipments of cotton, which made it possible to put into operation many of the Lodz textile factories and reduced unemployment in the Lodz Industrial District, threatened by communist propaganda disseminated by Councils of Workers' Deputies.

Niestety, walka Polski o granice na wschodzie, południu i zachodzie, konieczność utrzymywania licznej armii, koszty funkcjonowania rodzącego się aparatu państwowego i samorządowego oraz traktowanie Polski przez wpływowe grupy kapitałowe jako państwa sezonowego, poważnie utrudniały szybkie przejście z gospodarki kierowanej przez rząd na gospodarkę wolnorynkową. Po wysłaniu cytowanego memoriału, 6 maja 1919 r. Hoover wystosował do Paderewskiego pismo, w którym gwarantował finansowe zabezpieczenie dostaw żywności do następnych żniw oraz dostawy bawełny dla unieruchomionego przemysłu włókienniczego Łódzkiego Okręgu Przemysłowego. Pisał także, że jest gotów służyć Polsce radą w osiągnięciu innych celów gospodarczych. Za jego radą 9 czerwca Paderewski, po konsultacji z Piłsudskim, zwrócił się do Departamentu Stanu o wyrażenie zgody na sprzedaż Polsce, po konkurencyjnych cenach, wyposażenia wojskowego z demobilu amerykańskiego pozostawionego we Francji. Prośba Paderewskiego została spełniona. Do Polski dotarły także dostawy amerykańskiej bawełny, które pozwoliły uruchomić wiele łódzkich zakładów włókienniczych i zmniejszyć bezrobocie w Łódzkim Okręgu Przemysłowym, narażonym na demagogię komunistyczną propagowaną przez Rady Delegatów Robotniczych.

Krojenie odzieży z materiałów dostarczonych przez AAP, Warszawa, 1920. Przez jesień i zimę 1919 r. AAP dostarczyła materiał na 700 000 płaszczy, par butów i pończoch. Pół miliona dzieci otrzymało tę odzież. Dostawy materiału dały zatrudnienie tysiącom krawców w całym kraju. (HILA)

Cutting clothing patterns, Warsaw, 1920. Through the fall and winter of 1919, the ARA supplied material for 700,000 overcoats, shoes, and stockings. That fabric provided work for thousands of tailors throughout the country. (HILA)

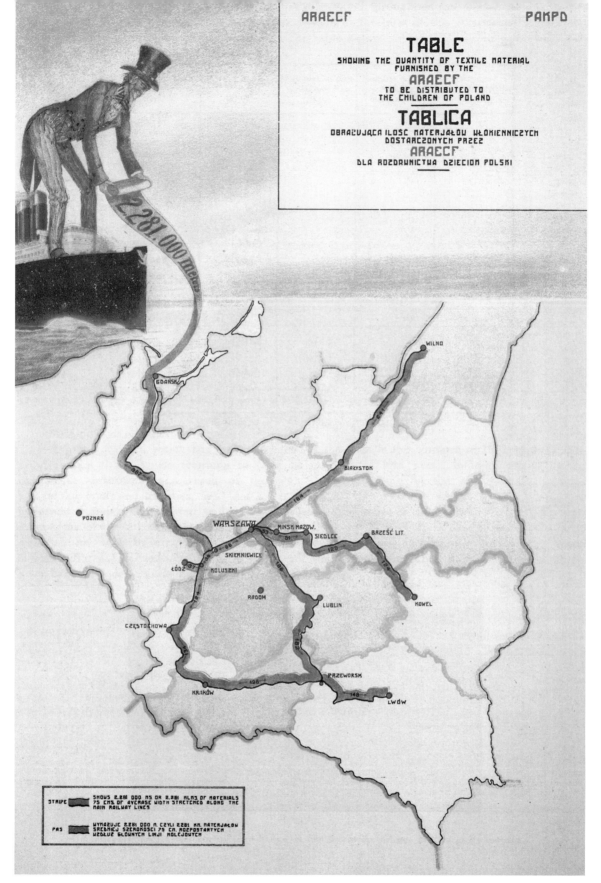

TABLE
SHOWING THE QUANTITY OF TEXTILE MATERIAL
FURNISHED BY THE
ARAECF
TO BE DISTRIBUTED TO
THE CHILDREN OF POLAND

TABLICA
OBRAZUJĄCA ILOŚĆ MATERJAŁÓU WŁÓKIENNICZYCH
DOSTARCZONYCH PRZEZ
ARAECF
DLA ROZDAWNICTWA DZIECIOM POLSKI

STRIPE — SHOWS 2.281 000 MS OR 2.281 MLN3 OF MATERIALS 75 CMS. OF AVERAGE WIDTH STRETCHED ALONG THE MAIN RAILWAY LINES

PAS — WYMAZUJC 2.281 000 M. CZYLI 2.281 KM. MATERJAŁÓW SREBNIEJ SZEROKOŚCI 75 CM. ROZPOSTARTYCH WZDŁUŻ GŁÓWNYCH LINJI KOLEJOWYCH

Grafik pokazujący ilość materiału dostarczonego przez AAP. Jak podało Ministerstwo Pracy i Opieki Społecznej w sprawozdaniu z 22 marca 1919 r., ludzie powracający z Niemiec byli w tragicznym stanie zdrowotnym i pozbawieni odzieży. Istniało zapotrzebowanie na 400 000 ubrań i pościeli. Dodatkowe 200 000 ubrań było niezbędne dla 400 000 uciekinierów powracających z Rosji. Ponad 580 000 bezrobotnych rodzin potrzebowało odzieży i butów. Armia amerykańska dostarczyła Polsce w roku 1919 ubrania wartości 4 420 375 dolarów (88 407 500 w dzisiejszej wycenie), w tym płaszcze, skarpety i ubrania.

„Biuletyn AAP", 22 kwietnia 1919. (HILA)

The table shows the quantities of material furnished by the ARA. The Polish Ministry of Labor and Public Welfare reported on March 22, 1919, that the people returning from Germany needed 400,000 suits of clothing and linen. An additional 200,000 suits of clothes were needed for the 400,000 refugees returning from Russia. More than 580,000 people in unemployed families also needed clothes and shoes. The American army sent $4,420,375 (in today's money worth $88,407,500) of clothing to Poland, including blouses, pants, overcoats, puttees, stockings, undershirts, and shoes.

"ARA Bulletin", April 22, 1919. (HILA)

Ogólną sytuację w Europie Środkowo--Wschodniej, w tym w Polsce, przedstawił Hoover w memorandum do prezydenta Wilsona z 24 czerwca 1919 r. Zdaniem Hoovera, państwa tej części Europy po podpisaniu traktatu pokojowego staną przed koniecznością uporządkowania między sobą powiązań kolejowych, dostaw węgla, konwencji taryfowych, połączeń telegraficznych i telefonicznych itp. W interesie europejskiego pokoju i rozwoju gospodarczego Hoover był gotów stanąć na czele rady reprezentantów poszczególnych państw Środkowo-Wschodniej Europy do spraw ekonomicznych, która pozwoliłaby wspomniane problemy rozwiązywać na zasadzie wzajemnego porozumienia i kompromisów. Kryzys polityki zagranicznej prezydenta Wilsona i niechęć nowych państw europejskich do ponadpaństwowych ustaleń ekonomicznych sparaliżowały wspomnianą inicjatywę Hoovera, która po wielu latach okazała się korzystnym rozwiązaniem dla państw europejskich – założycieli Europejskiej Wspólnoty Gospodarczej.

Hoover presented the overall situation in East Central Europe, including Poland, in a June 24, 1919 memorandum to President Wilson. In Hoover's opinion, after the signing of the peace treaty, the states of this part of Europe will be faced with the necessity of regulating mutual rail connections, supplies of coal, tariff conventions, telegraph and telephone connections, etc. In the interest of European peace and economic development, Hoover was ready to head a council of representatives for economic affairs of the various states of East Central Europe, which would make it possible to resolve these issues on basis of mutual understanding and compromise. The crisis of President Wilson's foreign policy and the dislike of the new European states for supra-national economic arrangements froze Hoover's initiative, which after many years proved to be a beneficial solution for European states – founders of the European Economic Community.

„Amerykańskie poparcie dla walki Polski o odzyskanie niepodległości było niezmienne przez wszystkie dni naszej własnej wolności. To prezydent Wilson jako pierwszy wyraźnie stwierdził, iż całkowita niepodległość polskiego narodu była fundamentalnym warunkiem pokoju".

Wypowiedź Hoovera na Konwencji Polaków w Buffalo, 12 listopada 1919.

"The American sympathy for the struggle of Poland to secure her independence has been constant from the days of our own freedom. It was President Wilson who first enunciated the absolute stipulation that the complete independence of the whole of the Polish people was a fundamental condition of this peace."

Hoover's address to the Polish convention, Buffalo, New York, November 12, 1919.

Prezydencki Komitet Doradców Ekonomicznych, Konferencja Pokojowa, Paryż, 1919. Hoover pierwszy z lewej. (HHPL)

President's Committee of Economic Advisers, Peace Conference, Paris, 1919. Hoover first from the left. (HHPL)

Hoover, jako polityk wrażliwy na respektowanie przez państwa korzystające z akcji Amerykańskiej Administracji Pomocy podstawowych praw obywatelskich bez względu na wyznanie i narodowość, w liście z 2 czerwca 1919 r. przedstawił prezydentowi Wilsonowi swój punkt widzenia na temat położenia ludności żydowskiej w Polsce, sugerując wysłanie za zgodą Piłsudskiego i Paderewskiego komisji z udziałem przywódców Żydów amerykańskich i przedstawicieli administracji amerykańskiej, dla zbadania sytuacji ludności żydowskiej w Polsce. Komisja taka przyjechała do Polski wiosną 1920 r., przyczyniając się do poprawy statusu Żydów w Polsce, korzystających z traktatu o ochronie mniejszości narodowych w młodych państwach europejskich, uzupełniającego traktat wersalski z 28 czerwca 1919 r.

Being a politician sensitive toward respect for fundamental civil rights without regard to religion or nationality, Hoover wrote to President Wilson on June 2, 1919, presenting his point of view on the situation of the Jewish population in Poland, suggesting sending a commission, with the agreement of Piłsudski and Paderewski, and with the participation of leaders of American Jews and US administration, to examine the situation of the Jewish population in Poland. His commission came to Poland in the spring of 1920, contributing to the improvement of the status of Jews in Poland, who benefited from the treaty on the protection of national minorities in the young European states, complementing the Versailles Treaty of June 28, 1919.

Rodzina żydowska, okolice Warszawy, 1920. (HILA)

Jewish family, Warsaw, 1920. (HILA)

Chłopcy żydowscy z okolic Warszawy, 1920. 1500 jadłodajni
(30% ogółu) było przeznaczonych dla dzieci żydowskich. (HILA)

Jewish boys, Warsaw, 1920. Fifteen hundred child-feeding centers
were for Jewish children, who made up 30 percent of all the children
fed in Poland. (HILA)

„Nasz węgiel" – demonstracja górników śląskich, utrwalona na zdjęciu płk. A. Congera Goodyeara. Wiosną 1919 r. Polska dysponowała zaledwie 40% węgla niezbędnego dla przetrwania kraju. W kwietniu 1919 r. Hoover został upoważniony przez Najwyższą Radę Gospodarczą do podjęcia działań zmierzających do podwyższenia wydobycia węgla i zorganizowania jego dystrybucji, umożliwiającej ożywienie ekonomiczne i rozszerzenie akcji pomocy. Na przewodniczącego Komisji Węglowej Sprzymierzonych wyznaczył płk. Goodyeara. Komisja zadbała o polepszenie warunków życia górników Karwiny, Katowic i Dąbrowy Górniczej, rozdzielając żywność i odzież głodującym rodzinom. Pracę płk. Goodyeara utrudniały powstania przeciw Niemcom na Górnym Śląsku. Sympatyzując z polskimi interesami w tym regionie, pułkownicy Goodyear i Barber brali udział w rokowaniach pokojowych w latach 1919-1922. (HILA)

"The coal is ours" protest by Silesian coal miners is captured in U.S. Army colonel A. Conger Goodyear's photograph. In the spring of 1919 Poland had only 40 percent of the coal needed to support its economy. That April Hoover was authorized by the Supreme Economic Council to begin working to increase Poland's coal production and arrange for its distribution, thus enabling the economy and relief work to go forward. Hoover designated Colonel Goodyear as president of the Allied Coal Commission, which distributed food and clothing to the weak and undernourished families of the miners of Karwina, Katowice, and Dąbrowa Górnicza. Uprisings of Polish miners against the Germans in Upper Silesia, however, made Goodyear's work difficult. Both Goodyear and Colonel Barber, in support of the Polish cause, participated in peace negotiations from 1919 until 1922. (HILA)

„Produkcja węgla, żywności i każdego towaru jest równie ważna dla przyszłości Polski, jak ofiara z życia złożona na jej granicach. Znacznie trudniej i mniej bohatersko jest żyć dla kraju, niż za niego umrzeć".

Przemówienie Hoovera na obiedzie na cześć Paderewskiego, Warszawa, 13 sierpnia 1919.

"The production of coal, food, and every commodity is just as important to the future of Poland as had been the sacrifice of lives on her frontiers. It is much harder and less glorious to live for the State than to die for it."

Hoover's address at Paderewski dinner, Warsaw, August 13, 1919.

Hoover kilkakrotnie angażował się w trudne sprawy sporów polsko-niemieckich. Dzięki jego interwencji możliwe były dostawy ziemniaków wielkopolskich do b. Królestwa Polskiego w zamian za dostawy węgla śląskiego. Rozumiejąc roszczenia Polaków do Górnego Śląska, w trakcie trwania I Powstania Śląskiego, które wybuchło 19 sierpnia 1919 r., żądał przysłania na Śląsk misji alianckiej, która zabezpieczałaby w tym rejonie pokój społeczny i ochronę ludności cywilnej, bez względu na preferencje narodowościowe.

On several occasions Hoover got involved in the difficult questions of Polish-German disagreements. Thanks to his intervention, it was possible to trade shipments of potatoes from Wielkopolska to the former Kingdom of Poland in exchange for shipments of Silesian coal. Understanding Polish claims to Upper Silesia, during the First Silesian Uprising, which broke out on August 19, 1919, he demanded the sending of an Allied mission to Silesia, which would safeguard social calm and protection of civilian population, without regard for national preferences.

„Biorąc pod uwagę więzy szczególnej przyjaźni łączące mój naród z narodem amerykańskim, nic by bardziej nie zadowoliło ludności Śląska w tych krytycznych czasach niż stacjonowanie i obrona przez wojsko amerykańskie. Obecność armii amerykańskiej miałaby wysoce korzystny i uspokajający wpływ na ludzi, którzy są nieustannie prowokowani, aby powstać przeciw swoim ciemiężycielom".

Ignacy Paderewski do Roberta Lansinga, 8 lipca 1919, Paryż. Paderewski miał nadzieję, że wojskowa potęga amerykańska poprze sprawę polską na Śląsku.

"Considering the ties of closest friendship which bind my people to the American nation, nothing would better please the Silesian population than to see their country, during the hours of trial, occupied and protected by the U.S. troops. The presence of the American army would have a most beneficial and soothing effect on the people who have been continuously provoked in order to make them rise against their oppressors."

Ignacy Paderewski to Robert Lansing, July 8, 1919, Paris. Paderewski hoped that the American military would support the Polish cause in Silesia.

Dzięki pomocy Hoovera Niemcy zmuszeni byli oddać Polsce 100 lokomotyw i 2 tys. wagonów. Świadomy kluczowej roli transportu kolejowego dla odbudowy całej polskiej gospodarki, Hoover ułatwił kredytowy zakup przez rząd polski 150 parowozów w amerykańskiej firmie „Baldwin Locomotive Works" w Filadelfii oraz kilkuset parowozów w Austrii, Niemczech i Belgii. Dzięki temu długość linii kolejowej w eksploatacji zwiększyła się z 6613 km w 1919 r. do 13 763 km w 1920 r.; w tym czasie liczba parowozów osobowych wzrosła z 372 do 507, a towarowych z 1563 do 2320.

Thanks to Hoover's aid, the Germans were forced to turn over to Poland 100 locomotives and 2,000 railcars. Understanding the key role of rail transportation for the reconstruction of the Polish economy, Hoover facilitated a credit purchase by the Polish government of 150 locomotives from the American company Baldwin Locomotive Works in Philadelphia, as well as of several hundred locomotives in Austria, Germany and Belgium. Thanks to this, the length of rail lines in operation expanded from 6,613 km in 1919 to 13,763 km in 1920. During the same time the number of passenger locomotives increased from 372 to 507, and freight locomotives from 1,563 to 2,320.

Polska nie byłaby w stanie bronić swoich granic w 1920 r. bez dostaw lokomotyw przydzielonych przez aliantów i potrzebnych do transportu wojska, żywności i węgla. Pułk ułanów na stacji kolejowej Chorodecz, 1919. Zdjęcie z prywatnych zbiorów Zygmunta Morzyckiego.

Poland would have been unable to defend its borders in 1920 had it not been for the delivery of locomotives allotted by the Allies that transported troops, supplies, and coal. Uhlan regiment at the Chorodecz train station, 1919. From the private collection of Zygmunt Morzycki.

Ważną inicjatywą Hoovera, uzgodnioną z polskim ministrem zdrowia Tomaszem Janiszewskim, była amerykańska pomoc sanitarna, związana z działalnością The Polish Typhus Mission z płk. Harrym L. Gilchristem na czele. Epidemia tyfusu zmusiła Sejm Ustawodawczy do powołania instytucji Komisarza ds. Epidemii, prof. Emila Godlewskiego, który szeroko korzystał z misji płk. Gilchrista. Misji tej towarzyszyło 18 oficerów amerykańskich i 500 specjalistów – lekarzy i sanitariuszy. Sprawę tę omawiał Hoover bezpośrednio z prezydentem Wilsonem, gen. Johnem Josephem Pershingiem, dowódcą wojsk amerykańskich w Europie, i Newtonem D. Bakerem, sekretarzem wojny. Dzięki pracy tej misji, w szpitalu w Lidzie odzyskał zdrowie mój ojciec, Jan Drozdowski, żołnierz I Pułku Szwoleżerów i 19. Pułku Ułanów, uczestnik walk z bolszewikami w 1919 i 1920 r. i z Niemcami w III Powstaniu Śląskim w 1921 r. Rząd amerykański przekazał Polsce 800 samochodów sanitarnych, 1000 łaźni dezynfekcyjnych, 40 tys. łóżek i 1,5 mln kompletów odzieży oraz wiele różnego rodzaju sprzętu dla służby zdrowia. Amerykańska pomoc sanitarna uratowała od śmierci setki tysięcy mieszkańców Polski w latach 1919-1921.

American sanitary assistance, connected with the work of the Polish Typhus Mission headed by Col. Harry L. Gilchrist, was an important Hoover initiative. The Typhus epidemic forced the Legislative Assembly to create the post of Commissioner for Epidemics, Prof. Emil Godlewski, who closely cooperated with Col. Gilchrist. Eighteen American officers and 500 doctors and sanitation specialists accompanied the Mission. Hoover discussed this matter directly with President Wilson, Gen. John J. Pershing, the commander of US forces in Europe, and with Newton D. Baker, Secretary of War. Thanks to the work of the Mission my father recovered his health in a hospital in the town of Lida. Jan Drozdowski was trooper in the the 1st Regiment of Light-Cavalry and the 19th Lancer Regiment, participant in the struggle against the Bolsheviks in 1919 and 1920, and the Germans in the III Silesian Uprising in 1921. The American government gave Poland 800 sanitary cars, 1,000 desinfection baths, 40,000 beds, 1.5 million sets of clothing, which saved the lives of hundreds of thousands of inhabitants of Poland during 1919-1921.

„Tyfus szaleje wszędzie i sytuacja gorsza jest nawet na wsi niż w mieście. Jego przyczyną jest niedożywienie połączone z brudem, bo nie ma ani lnu, ani bawełny na bieliznę. Tyfus jest chorobą występującą zimą, po nim przyjdzie latem dyzenteria lub cholera. Policja poinformowała mnie, że w Pińsku kobiety i mężczyźni często mdleją na ulicach".

Fragment z raportu przedstawionego 21 marca Najwyższej Radzie Gospodarczej przez H. N. Brailsforda, angielskiego obserwatora podróżującego po okręgu brzesko-pińskim, „Biuletyn AAP", 22 kwietnia 1919.

"Typhus is raging everywhere and is even worse in the villages than in the towns. Its cause is chiefly underfeeding aggravated by dirt, for there is no linen or cotton to be had for underclothing. Typhus is a winter disease; it will be followed in the summer by dysentery or cholera. The police told me that at Pińsk men and women frequently faint in the streets."

Extract from a report submitted to the Supreme Economic Council, March 21, by H. N. Brailsford, an English observer on his trip to the Brest-Pinsk district, "ARA Bulletin", April 22, 1919.

Wejście do Polski uchodźców i wojsk spowodowało rozprzestrzenianie się tyfusu, cholery, gruźlicy i innych chorób. Głód oraz niedostatek odzieży i mieszkań osłabiły odporność ludności na choroby i przyczyniły się do wzrostu śmiertelności. Polska Misja ds. Tyfusu organizowała łaźnie, odwszawianie, akcje dezynfekcyjne i kwarantanny. Na zdjęciu: ludność w kolejce do szczepień i łaźni. (HILA)

The movement of refugees and armies across Poland spread typhus, cholera, tuberculosis, and other diseases. Hunger and a lack of adequate clothing and housing meant that the population was less immune to disease and led to high rates of mortality. The Polish Typhus Mission organized bathing, delousing, disinfecting, and quarantine operations. Here, people queue for vaccinations and baths. (HILA)

Hoover zainteresował się także problemem jeńców wojennych wracających do Polski i tranzytem przejeżdżających przez Polskę. Starał się im pomóc poprzez dostawy żywności, zabezpieczenie środków transportowych i dostęp do usług lekarskich. W tej sprawie 26 lipca 1919 r. opracował specjalne memorandum dla Rady Pięciu Konferencji Wersalskiej. Był to olbrzymi problem społeczny dla całej Europy. Liczbę polskich jeńców wojennych w Niemczech szacowano na 140 tys. Byli to zagarnięci do niewoli niemieckiej żołnierze armii rosyjskiej. W Austrii takich jeńców było 80 tys., we Francji – blisko 20 tys., żołnierzy armii państw centralnych. Nie mniej było ich we Włoszech. Nieznana jest liczba polskich jeńców w Rosji – szacuje się ją na ok. 100 tys. Poza tym przez Polskę, tranzytem ze Wschodu na Zachód i odwrotnie, przemieszczały się setki tysięcy jeńców wojennych z obozów rosyjskich, niemieckich, austriackich i włoskich. Różne stronnictwa polityczne chciały wygrać dramat tych ludzi oddzielonych od swoich rodzin i najbliższych. Hoover chciał im pomóc, by wrócili cało i zdrowo do rodzinnego domu. W porozumieniu z zainteresowanymi rządami europejskimi i ich wyspecjalizowanymi urzędami (w warunkach Polski z Urzędem Emigracyjnym) oraz Radą Pięciu organizował wielką pomoc amerykańską dla wspomnianej akcji repatriacyjnej. Z pomocy polskiego Urzędu Emigracyjnego w 1919 r. skorzystało 286,4 tys. osób, w 1920 r. 86,0 tys., a w 1921 r. 482,3 tys.

Największy rozmach działalność Amerykańskiej Administracji Pomocy przybrała w dziedzinie pomocy dzieciom, m.in. pod nazwą Polsko-Amerykańskiego Komitetu Pomocy Dzieciom, za dyrekcji Władysława Grabskiego, twórcy Banku Polskiego, polskiej złotówki, na straży której stała niezależna Rada Banku. Warto przypomnieć, że wśród Polaków, obok Paderewskiego, do ludzi Hooverowi ideowo bliskich należał W. Grabski, reprezentant polskiej gospodarczej myśli liberalnej, jego równolatek z 1874 r. Akcja dożywiania na ziemiach polskich objęła ponad 2 mln dzieci wszystkich wyznań i narodowości. Stąd w pamięci dzieci II Rzeczypospolitej na długo zachowała się pamięć o Hooverze, jako wybitnym darczyńcy.

Hoover was also interested in the problem of prisoners of war returning to Poland or transiting through Poland. He tried to help by providing food deliveries, transportation, and access to medical services. He wrote a special memorandum on this subject for the Council of Five of the Versailles Conference. This was a great social problem for all of Europe. The number of Polish prisoners in Germany was estimated at 140,000. These were Russian army soldiers who were taken prisoner. In Austria there were 80,000 such prisoners. In France there were nearly 20,000 Polish prisoners from the armies of the Central Powers. The number in Italy was not smaller. The number of Polish prisoners of war in Russia is unknown. It was not less than 100,000. Additionally, hundreds of thousands of prisoners of war from Russian, German, Austrian and Italian camps were transiting through Poland from East to West and in the oppositie direction. Various political forces wanted to exploit the suffering of these people separated from their families and friends, and Hoover wanted to help them to return home safely. In concert with interested European governments and their specialized agencies (in Poland it was the Immigration Bureau) and the Council of Five, Hoover organized large-scale American assistance for this repatriation program. Polish Immigration Bureau helped 286,400 people in 1919, 86,000 in 1920, 482,300 in 1921.

The greatest effort of the American Relief Administration was in the area of help to children. This included the work of the Polish American Committee for Aid to Children directed by Władysław Grabski, the creator of the Bank of Poland and of Polish currency, which was guarded by an independent bank Board. It is worth noting that it was Grabski, an economic liberal, who along with Paderewski, belonged to the group of Poles who were philosophically close to Hoover. He was also of the same age, born in 1874. Two million children of Poland were included in the supplemental feeding program, children of all religions and nationalities. This why the children of the II Republic preserved the memory of Hoover as the great philanthropist.

Explanation of Signs
Objaśnienia znaków :

◎ Warehouse / Składnica

◉ Regional Office / Biuro Rejonowe

⊙ District Committee / Komitet powiatowy

Localities in which child feeding action is conducted / Miejscowości w których prowadzi się akcję dożywiania dzieci

State Boundaries / Granica państwa

Boundaries of P.A.K.P.D. Administrative Regions / Granica rejonu administracyjnego P.A.K.P.D.

Boundaries of P.A.K.P.D. Administrative Districts / Granica powiatu administracyjnego P.A.K.P.D.

Graphical Dept. P.A.K.P.D. Warsaw 1921.
Wydział Graficzny P.A.K.P.D. Warszawa 1921

Mapa miejscowości, gdzie działały punkty żywienia w roku 1921. W szczytowym okresie działalności AAP (maj 1920) funkcjonowało ponad 6000 jadłodajni, w których było zatrudnionych 20 000 pracowników i ochotników. Oryginalna mapa z roku 1920, pokazująca wszystkie punkty żywienia, miała trzy metry wysokości. W artykule opublikowanym 4 lipca 1921 r., w dniu Święta Niepodległości Stanów Zjednoczonych, warszawska „Rzeczpospolita" pisała, że do 1 czerwca 1921 r. rozdano 95 000 t żywności z 9500 wagonów towarowych, które połączone razem utworzyłyby pociąg długości 42 mil (68 km). Od początku działalności do 1 czerwca 1921 r. wydano 550 mln posiłków, a do czerwca 1922 r. – 730 mln, na które zużyto 120 000 t zapasów. (HILA)

Localities in which children were fed, 1921. At the height of operation in May 1920, six thousand kitchens were serving meals, with 225 being the most kitchens in a district. Twenty thousand employees and volunteers were involved in constructing, operating, and maintaining the kitchens. The original 1920 map, showing all six thousand kitchens, was three meters high. In an article published on July 4, 1921 (America's Independence Day), Warsaw's "Rzeczpospolita" wrote: "The total amount of foodstuffs distributed to the children of Poland up to June 1, 1921, is approximately ninety-five thousand tons (95,000 tons). This represents some 9,500 freight cars, which, if joined together, would make a train over 42 miles long. The number of meals distributed since the beginning of action to June 1, 1921, is five hundred fifty million (550,000,000). One year later, in June 1922, 120,000 tons of food were used for 730,000,000 meals." (HILA)

W dniach 11 i 12 lipca 1919 r. Hoover wysłał do Paderewskiego dwa bardzo istotne listy, w których obok zapewnienia o kontynuacji działalności AAP złożył ofertę usług amerykańskich doradców i ekspertów dla rządu polskiego. Eksperci mieli zajmować się sprawami technicznymi, transportu, aprowizacji i finansów. Wstępnie Hoover planował ich działalność na okres jednego roku. Środków na ich utrzymanie dostarczać miała AAP. Paderewski i zwolennicy wolnorynkowej gospodarki w Polsce z entuzjazmem przyjęli ofertę Hoovera. Tylko posłowie lewicowo-socjalistyczni widzieli w niej próbę ingerencji w wewnętrzne sprawy Polski. W przeciwieństwie do nich, 23 sierpnia 1919 r., czołowe organizacje gospodarcze w Polsce w specjalnym memoriale dla rządu RP pisały m.in.: „Jest obowiązkiem rządu miarkować to tempo [reform socjalnych – M.M.D.], nadając umiar potrzebny reformatorskiej akcji Sejmu i zapobiegać zbyt daleko idącym jego zakusom przez stanowcze veto, ilekroć zagrożone jest to, co dźwignęło cywilizację nowożytną i bogactwo społeczne – własność oraz inicjatywa prywatna". Hoover, dostrzegając te nastroje różnych podmiotów gospodarczych w Polsce, 17 sierpnia 1919 r. zaproponował Paderewskiemu powołanie przez rząd Rady Ekonomicznej, składającej się z przedstawicieli resortów gospodarczych i niezależnych od rządu organizacji gospodarczych. Rada miała studiować rozwój koniunktury gospodarczej, opracowywać projekty pilnych zadań gospodarczych, koordynować pracę resortów i urzędów w dziedzinie gospodarstwa narodowego i wymiany międzynarodowej.

On July 11 and 12, 1919, Hoover sent Paderewski two very important letters, in which, besides assurances of the continuation of the work of ARA, he offered the Polish government services of American advisers and experts. The experts were to work on technical matters, transportation, supplies and finance. Initially, Hoover planned their work for one year. The ARA was to provide the means for their support. Paderewski and the supporters of a free-market economy in Poland enthusiastically accepted Hoover's offer. Only leftist and socialist deputies saw it as an effort to intervene in the internal affairs of Poland. In opposition to them, on August 23, 1919, the main Polish economic organizations wrote in a special memorandum for the government of Poland, that it is the responsibility of the government to mitigate the speed of social reforms, by providing restraint to the efforts of the Legislature and preventing its far-reaching encroachments by a determined veto – "whenever that which has advanced modern civilization, social prosperity, and private enterprise are threatened." Taking note of the opinions of the various economic players in Poland, Hoover proposed to Paderewski on August 17, 1919 that the government create an Economic Council composed of the representatives of the economic sectors and organizations independent of the government. The Council was to study economic developments, formulate plans for urgent economic tasks, coordinate the work of the ministries and agencies in the sphere of national economy and in international trade.

„Sprawozdania specjalnych inspektorów oraz informacje otrzymane z innych źródeł potwierdzają opinię, że warunki w Polsce spowodowane brakiem żywności są rozpaczliwe. Inspekcje wskazują, że w miastach i rejonach przemysłowych robotnicy nie mogą zdobyć jedzenia dla swoich dzieci oraz że śmiertelność wśród nich jest tak duża, iż cały cywilizowany świat jest pełen współczucia i woli aktywnej pomocy".

List Hoovera do centrali AAP w Warszawie, 1919. *Sprawozdanie Amerykańskiej Administracji Pomocy, Misja do Polski Europejskiego Funduszu Dzieci*, 1922.

Polskie dzieci ze Świdrów Wielkich. W maju 1920 r., szczytowym miesiącu akcji, było dożywianych ponad 1,3 mln polskich dzieci w ponad 3000 miast i wsi. (HILA)

Polish children from Świdry Wielkie. In May 1920, more than 1,300,000 children were fed in Poland in some three thousand towns and villages. (HILA)

"Reports from special inspectors, as well as information received from other sources, confirm the belief that conditions in Poland, caused by the lack of food, are deplorable. Investigation shows that in towns and industrial localities workmen cannot obtain food for their children, and that mortality among them is so great the whole civilized world is filled with compassion and a desire to actively assist."

Hoover in a report to Warsaw in 1919, *Report of the American Relief Administration European Children's Fund Mission to Poland*, 1922.

Podczas wizyty w Polsce w 1919 r. Herbert Hoover był ciepło witany zarówno w Warszawie, jak we Lwowie i Krakowie. Na zdjęciu Hoover (pierwszy z prawej) z Naczelnikiem Państwa Józefem Piłsudskim, nuncjuszem papieskim Achille Rattim (obaj siedzący) i premierem RP Ignacym J. Paderewskim (stojący za Rattim). (HHPL)

During his visit to Poland in 1919 Herbert Hoover was warmly welcomed in Warsaw, Lwów, and Cracow. Here we see Hoover (bottom right corner) with the Head of State Józef Piłsudski and papal nuncio Achille Ratti (both seated) and the Prime Minister Ignacy J. Paderewski (standing behind Ratti). (HHPL)

„Jedni siali łzy i krew – on siał to, co w świecie najdroższe i najwdzięczniejsze – ziarno miłości, pokoju i szczęścia. Warszawo i Polsko! Powitaj z otwartym sercem człowieka, którego pokochaliśmy i podziwiamy. Ten obcokrajowiec stał się nam drogi. Herbert Hoover, Napoleon miłosierdzia, wstąpił do naszej historii i do naszych serc".

„Kurier Warszawski", 13 sierpnia 1919.

"Others sowed tears and blood – he threw the world the loveliest and most thankful grain – that of love, peace and happiness. Warsaw and Poland! Welcome with our hearts this man we have learned to love and revere. This foreigner who has become so dear to us. Herbert Hoover, the Napoleon of charity, has come into our history and into our hearts."

"Kurier Warszawski", August 13, 1919.

Przed przedstawieniem wspomnianej propozycji Hoover był gościem rządu polskiego. Dnia 12 sierpnia 1919 r. został uroczyście powitany na placu Saskim w Warszawie przez Naczelnika Państwa Józefa Piłsudskiego, premiera Paderewskiego i jego zastępcę, ministra spraw wewnętrznych, późniejszego prezydenta RP Stanisława Wojciechowskiego, oraz nuncjusza papieskiego Achille Rattiego, późniejszego papieża Piusa XI.

Before submitting his proposal Hoover was a guest of the Polish government. On August 12, 1919, he was formally greeted by the Head of State, Józef Piłsudski, the Prime Minister Ignacy J. Paderewski, and his deputy, the Minister of Internal Affairs and future President of the Republic, Stanisław Wojciechowski, as well as the papal Nuncio Achille Ratti, future Pope Pius XI.

Belweder, Warszawa, sierpień 1919. Hoover (nr 6) siedzi obok
Paderewskiego (nr 5), Wojciechowskiego (nr 7), Piłsudskiego (nr 9),
Hugh Gibsona (nr 11) i komendanta George'a Barra Bakera (nr 4).
(HILA)

Belvedere Palace, Warsaw, August 1919. Hoover (no. 6) sits next
to Paderewski (no. 5), Wojciechowski (no. 7), Piłsudski (no. 9),
Hugh Gibson (no. 11), and Commander George Barr Baker (no. 4).
(HILA)

Podczas uroczystego obiadu wydanego przez Paderewskiego 13 sierpnia 1919 r. Hoover wygłosił wielkie przemówienie polityczne. Przypomniał społeczno-ekonomiczne skutki braku niepodległości. Wskazywał na istotne osiągnięcia nowej, demokratycznej władzy w Polsce, która powinna się starać uruchomić wewnętrzne źródła rozwoju cywilizacyjnego. Propagując liberalną drogę rozwoju gospodarczego, przestrzegał przed radykalizmem prawicowym i lewicowym, który może zahamować rozwój gospodarczy Polski.

During a formal dinner, given by Paderewski on August 13, 1919, Hoover delivered a major political speech. He recalled the socio-economic legacy of the lack of independence. He pointed to the significant accomplishments of the new, democratic government in Poland, which should strive to activate internal sources of civilizational development. While promoting the liberal path of economic development, he warned against right-wing and left-wing radicalism, which could impede economic growth.

Grupa dzieci formujących literę H na cześć Herberta Hoovera, wschodnia Polska, 1921. (HILA)

Group of children forming the letter H in honor of Herbert Hoover, eastern Poland, 1921. (HILA)

Parada na cześć Hoovera, 1919. Hoover opisał marsz polskich dzieci jako „głęboko wzruszające wydarzenie". Dzieci, w większości bose, demonstrowały swoją wdzięczność Amerykanom. Maszerowały przeszło dwie i pół godziny z amerykańskimi flagami i blaszanymi kubkami do codziennych racji żywnościowych. W pewnym momencie zauważyły na polu królika i pobiegły go złapać, by dać w prezencie głęboko wzruszonemu Hooverowi. (HILA)

Parade for Hoover, 1919. Hoover described the parade of Polish children as "the most profoundly touching incident." The children, many in bare feet, demonstrated their thanks to the American people, marching for more than two and a half hours with American flags and the tin cups that were used for their daily rations. At one point the children, noticing a rabbit in the field, ran to catch him and gave him as a gift to Hoover, who was overcome with emotion. (HILA)

Późnym popołudniem 14 sierpnia 1919 r. władze miejskie Warszawy zorganizowały na cześć Hoovera paradę 32 tys. dzieci wzdłuż Pola Mokotowskiego. Trwała ona dwie i pół godziny. Nazajutrz Hoover był gościem Lwowskiej Rady Miejskiej i w gmachu jej posiedzeń ponownie sławił osiągnięcia młodego państwa polskiego, kierowanego przez dwóch mężów stanu: Piłsudskiego i Paderewskiego. Po zapoznaniu się ze skomplikowanymi stosunkami narodowościowymi Galicji Wschodniej, związanymi z wojną polsko-ukraińską, 17 sierpnia Hoover przybył do Krakowa. Zwiedził tutaj m.in. Kopiec Kościuszki i Wawel. Dzięki bezpośredniej styczności z problemami społecznymi Galicji Hoover wyrobił sobie przekonanie o konieczności dokonania w Polsce reformy rolnej. W niej widział główny instrument zażegnania konfliktów polsko-ukraińskich.

In the late afternoon of August 14, 1919 the municipal authorities of Warsaw organized a parade of 32,000 children in Mokotów Field in honor of Herbert Hoover. It lasted two-and-a-half hours. Next day Hoover was a guest of the city council of Lwów, and in its chambers he again praised the achievements of the young Polish state, led by two statesmen, Piłsudski and Paderewski. After learning about the complicated national situation in Eastern Galicia, connected with the Polish-Ukrainian war, on August 17 Hoover arrived in Cracow. Here he visited the Kosciuszko Mound and Wawel Castle. Thanks to his direct contact with the social problems of Galicia, Hoover became convinced of the necessity of carrying out a land reform in Poland. He saw in it the principal tool for pacifying Polish-Ukrainian conflicts.

Talerz na chleb podarowany Hooverowi w czasie jego wizyty w 1919 r. (HHPL)

Bread plate given to Hoover during his 1919 visit to Poland. (HHPL)

Pułkownik Alvin Barton Barber w biurze w Paryżu.
Pułkownik A. B. Barber był jednym z doradców nowo utworzonej Ekonomicznej Rady Ministrów rządu polskiego. Był odpowiedzialny za odbudowę systemu kolejowego, mającą kolosalne znaczenie dla dystrybucji żywności i węgla, oraz za przekazywanie przejętych przez aliantów od Niemiec i przyznanych Polsce lokomotyw. W roku 1920 Polska otrzymała tysiące wagonów i lokomotyw. Barber zorganizował m.in. dostawy setek ton materiałów wybuchowych z przeznaczeniem dla górnictwa oraz osobiście zagwarantował, iż nie będą one użyte do celów wojskowych. (HILA)

Colonel A. B. Barber, seen here in his Paris office, replaced Colonel Grove as the head of the American Relief Administration and became an adviser to the Polish government's newly formed Economic Council of Ministers. Barber was responsible for revitalizing the railroad system, which was critical to the distribution of food and coal. He also oversaw the transfer of locomotives allotted to Poland from the stocks delivered to the Allies by Germany; in 1920 Poland obtained thousands of freight cars and freight engines. Barber also secured hundreds of tons of mining explosives for use under his supervision, with guarantees that the explosives would not be used militarily. (HILA)

Nazajutrz Hoover przesłał do Alvina B. Barbera telegram z żądaniem, by polskie władze wojskowe wycofały oddziały poza linię demarkacyjną na granicy Górnego Śląska i Zagłębia Dąbrowskiego. Na marginesie warto dodać, że Paderewski jeszcze w sierpniu 1919 r. starał się o to, by Górny Śląsk oddać pod kontrolę misji alianckiej, stworzonej przede wszystkim przez Amerykanów, na których życzliwość bardzo liczył. Poza tym, jako tymczasowe rozwiązanie, proponował użycie na granicy z Górnym Śląskiem armii gen. Józefa Hallera, która w maju 1919 r. przybyła do Polski.

The next day, Hoover sent Alvin B. Barber a telegram with the demand that Polish military authorities withdraw their forces to the demarcation line on the border of Upper Silesia and Dąbrowa Coalmining District. It is worth mentioning as a sidebar that already in August 1919, Paderewski tried to put Upper Silesia under the control of an Allied mission, created mostly by Americans, on whose sympathy he counted. In addition to this, he favored a temporary solution of stationing on the border the army of Gen. Haller, which arrived in Poland in May of 1919.

Punkt dystrybucji mleka. Z powodu wielkiego niedostatku mleka w Polsce Państwowy Komitet Pomocy Dzieciom, pracując wraz z Amerykańską Administracją Pomocy, założył gospodarstwo mleczne pod Warszawą, dostarczające 600 l mleka dziennie dla najbiedniejszych dzieci w mieście. (HHPL)

Milk distribution center. Because of the enormous shortage of milk in Poland, the State Children's Relief Committee, working together with the American Relief Administration, established a milk farm near Warsaw that provided 600 liters of milk a day to the poorest infants in the city. (HHPL)

Po powrocie do Stanów Zjednoczonych Hoover apelował do amerykańskiej opinii publicznej, by nie ulegała wezwaniom izolacjonistów i wspomagała udzielanie pomocy ekonomicznej młodym państwom europejskim, stanowiącym barierę w ekspansji komunizmu. Znamienne przemówienie wygłosił na konwencji Wydziału Narodowego Polskiego w Buffalo 12 listopada 1919 r. Wyraził w nim przekonanie, że polscy reemigranci ze Stanów Zjednoczonych przywiozą do kraju ojczystego amerykański system wartości i amerykańskie ideały. Przypomniał olbrzymie zniszczenia wojenne, głód, brak surowców, maszyn i inwentarza. Polska – zdaniem Hoovera – stała w 1919 r. przed koniecznością szybkiej likwidacji ugorów, odbudowy transportu, uruchomienia importu niezbędnych surowców, likwidacji epidemii i wzmocnienia armii.

After his return to the United States, Hoover appealed to the American public opinion not to fall for the arguments of isolationists and to support extension of economic aid to the young European states, which were providing a barrier to the expansion of communism. He gave a characteristic speech at the National Department convention in Buffalo on November 12, 1919. He expressed his belief that Polish re-immigrants from the United States will bring to their homeland the American system of values and Amercan ideals. He recalled the terrible devastation, hunger, lack of raw materials, machines, livestock. In Hoover's opinion Poland in 1919 had no choice but to quickly bring under cultivation fallow lands, rebuild its transport, start the import of necessary raw materials, eliminate epidemics and strengthen the army.

Centrum dystrybucji mleka, Lwów, 1919. Porucznik McCormick, który przybył do Polski pod koniec 1918 r. wraz z Vernonem Kelloggiem, aby oszacować potrzeby i opracować plan niesienia pomocy Polsce, odegrał w tej akcji znaczącą rolę. „Ilustrowany Kurier Codzienny" z 28 stycznia 1919 r. pisał: „Wagon mleka kondensowanego, dar Ameryki dla chorych, rannych i dziatwy ogłodzonego Lwowa, otrzymany dzięki osobistym zabiegom i energii znanego już przyjaciela Polaków porucznika Chauncey McCormick, przyjętym został z uniesieniem wdzięczności... Nazajutrz [McCormick] zwiedzał jeden odcinek frontu w towarzystwie przydzielonych oficerów... Gdy reprezentant Ameryki wyszedł z okopów ostrzeliwanych przez rusinów, żołnierze polscy podnieśli go na ramiona i urządzili mu gorącą owacyę, którą powtórzyli wieczorem oficerowie w hotelu krakowskim, otaczając go tłumnie, by mu dziękować i dłoń jego uścisnąć". (HHPL)

Milk distribution center in Lwów, 1919. Lieutenant McCormick, who first came to Poland at the end of 1918 with Vernon Kellogg on a mission to determine the needs and methods of relief distribution in Poland, was instrumental in helping secure milk for the needy. "Ilustrowany Kurier Codzienny" wrote of McCormick's achievements on January 28, 1919: "The arrival of condensed milk, a present from America for the ill, the wounded, and the children of Lwów, thanks to the personal endeavors and energy of the already well-known friend of the Poles Lieutenant McCormick, was received with the utmost gratefulness... The next day [McCormick] visited one section of the front accompanied by selected officers... When the representative of America left the trenches, at which the Ruthenians were shooting, the Polish soldiers lifted him to their shoulders and gave him a great ovation, which was repeated by the officers later at the Hotel Cracowski, where they surrounded Lieutenant McCormick to thank and to shake hands with him." (HHPL)

Inspekcja ministra aprowizacji w jednym z magazynów w Warszawie, 1919. Funkcjonowało jedenaście regionalnych magazynów, które otrzymywały żywność bezpośrednio z Gdańska, skąd rozprowadzano ją do 207 okręgów. W każdym okręgu inspektorzy składali sprawozdania o bieżących potrzebach, by zapewnić właściwą dystrybucję. (HILA)

The minister of provisions inspects a warehouse in Warsaw, 1919. Eleven regional warehouses received food directly from Gdansk for distribution to 207 districts. Each district had several inspectors who relayed their current needs to Warsaw to ensure equal distribution. (HILA)

W tym samym dniu na forum Sejmu Ustawodawczego Paderewski wyraził wdzięczność Wilsonowi, Hooverowi i Polonii Amerykańskiej za pomoc dla kraju, nawiązując do hasła „Polska nie chce rewolucji i nie chce reakcji". Za główne zadania stojące przed rządem uważał: poprawę sytuacji aprowizacyjnej kraju, zlikwidowanie głodu mieszkaniowego, przeprowadzenie reformy rolnej i walkę z powojennym chaosem. Wkrótce wielu wpływowych polityków zaczęło opuszczać Paderewskiego, zarzucając mu zbytnią uległość entencie i Stanom Zjednoczonym. Nadal jednak pracowali w Polsce doradcy amerykańscy i aparat Amerykańskiej Administracji Pomocy. Hoover i Poselstwo Amerykańskie w Warszawie w dymisji rządu Paderewskiego 10 grudnia 1919 r. widzieli groźbę niebezpiecznej ewolucji polityki państwowej odrodzonej Rzeczypospolitej. Podobny niepokój podzielali przywódcy Polonii Amerykańskiej, skupieni w Polskim Wydziale Narodowym.

That same day, Paderewski spoke in the Legislative Assembly, expressing gratitude to Wilson, Hoover, and American Poles for help to the homeland, explaining the slogan "Poland wants neither revolution nor reaction". As the main goals for the government he saw the improvement of food supplies in the country, relieving housing shortage, instituting a land reform, and a struggle against postwar chaos. Soon many influential politicians began to abandon Paderewski, accusing him of being to subservient to the Entente and the United States. Nevertheless, American advisers and the American Relief Administration continued their work in Poland. Hoover and the American Legation in Warsaw saw in the collapse of the Paderewski government a threat of a dangerous evolution of the state policies of the restored Republic. The leaders of American Poles centered in the Polish National Department shared in this uneasiness.

Rodzina z puszkami smalcu, skondensowanego mleka i ryb, 1919. (HHPL)

Family with cans of lard, condensed milk, and fish, 1919. (HHPL)

Dzieci w kolejce po zupę, 1919. (HHPL)

Children line up at a soup kitchen, 1919. (HHPL)

Z powodu braku mleka po wojnie dodatkowy przydział skondensowanego lub sproszkowanego mleka
był dostępny w specjalnych punktach odżywiania niemowląt i zwykłych kuchniach, 1919. (HILA)

As a result of the milk shortages after the war, a special ration of evaporated and condensed milk was available at special infant feeding stations and regular soup kitchens, 1919. (HILA)

W czasie intensyfikacji działań wojennych na froncie polsko-bolszewickim w 1920 r. Hoover otrzymywał raporty od swych warszawskich współpracowników na temat sytuacji frontowej i wewnątrzpolitycznej. Powstanie blisko milionowej armii, brak wykwalifikowanych rąk do pracy w szybko odbudowywanym przemyśle oraz zniszczenia wojenne zwiększały zapotrzebowanie na żywność. Na apele Alvina Barbera i Dana Duranda – amerykańskich doradców przy gabinetach Leopolda Skulskiego, Władysława Grabskiego i Wincentego Witosa, AAP dostarczyła do Polski dodatkowe 300 tys. ton mąki.

When fighting intensified on the Polish-Bolshevik front in 1920, Hoover received reports from his Warsaw associates on the military and political situation. The creation of a million-man army, shortage of qualified workers in rapidly recovering industry, and war devastation all increased the need for food. Responding to requests from Alvin Barber and Dan Durand, American advisers to the cabinets of Leopold Skulski, Władysław Grabski and Wincenty Witos, ARA supplied Poland with additional 300,000 tons of flour.

Bezpłatna garkuchnia w Równem, 1920. (HILA)
Równe soup kitchen, 1920. (HILA)

Żydowskie dzieci
w bezpłatnej
jadłodajni, 1920.
(HILA)

Jewish children at
a soup kitchen, 1920.
(HILA)

Po prawej: **List Hoovera
uzasadniający nominację
C. Fauntleroya
na szefa polskiego
oddziału Europejskiej
Rady Pomocy,
Warszawa. (AAN)**

Bottom Right: **Letter
from Herbert Hoover
dated December 1920
to the Polish-Ameri-
cans on appointment
of C. Fauntleroy as
a new chief of Polish
Department, European
Relief Council. Hoover
lists his accomplish-
ments as a fighter for
the Polish cause during
Polish-Bolshevik war,
Warsaw. (AAN)**

PAN HOOVER NAZNACZA FAUNTLEROYA

DYREKTOREM POLSKIEGO ODDZIAŁU.

Panowie:

    Uratowanie Środkowej Europy a szczególnie Polski od
głodu, wymaga, olbrzymiego wysiłku i znacznych ofiar ze strony
wszystkich obywateli Stanów Zjeonoczonych. W pracy tej, którą już od lat wielu prowadzimy, liczymy teraz na jaknajsilniejsze
poparcie, duchowe i finansowe, Polskiego Wychodżctwa. Setki
tysięcy z was mą w kraju swe żony, dzieci lub rodziców którzy na
gwałt potrzebują pomocy a jeżeli ich ratować nie będziemy, to na
pewno, tej zimy wielu zginie z wycięczenia, zimna i głodu.

    Wasza dotychczasową pomoc, w pracy ratunkowej przez nas
niemal od dwoch lat w Polsce prowadzonej, nie była tak wydatnią
jak by się tego należało spodziewać i musieliśmy szukać pomocy
od innych narodowości. Jesteśmy jednak przekonani, że odtąd,
bez względu na wasze osobiste, partyjne lub religijne zapatrywa-
nia, dopomożecie nam uratować setki tysięcy waszych rodaków i bra-
ci od śmierci głodowej. Z tem więc przekonaniem, dla lepszego
uświadomienia was o naszej dotychczasowej pracy, dla przedstawienia
wam naszych planów na przyszłość i udzielania wszelkich informacji
oraz uzyskania waszej pomocy i poparcia w naszej pracy ratunkowej
utworzyliśmy dział polski.

    Z przyjemnością donosimy wam, że na dyrektora tego oddziału
naznaczyliśmy Pułkownika Cedric E. Fauntleroya, który bohaterskimi
czynami, tysiąckrotnie narażając życie, znosząc trudy wojenne i
przelewając krew swoją za wolność Polski, zyskał przywiązanie,
szacunek i wdzięczność całego narodu. Nie dawno bronił jej przed
bolszewikami, dziś z tem samem poświęceniem, broni jej przed śmier-
cią głodową. Pułkownik Fauntleroy dobierze sobie odpowiednich ludzi do pomocy, którzy pod jego osobistą dyrekcją wam słu·żyć będą,
sam zaś w najbliższym czasie odwiedzi większe kolonje polskie aby
was o stosunkach w Polsce bliżej poinformować i do pracy ratunkowej
zachęcić.

    Jesteśmy przekonani, że całe Wychodżctwo przyjmie nominację
pułkownika Fauntleroya na dyrektora polskiego oddziału z wielkiemzado-
woleniem. Sprawicie mu największą przyjemność i okażecie swą
wdzięczność, przez jaknajwiększe zakupno przekazów żywnościowych
dla waszych rodzin w Polsce, oraz przez tworzenie komitetów ratunko-
wych i zbieranie funduszów na żywność dla głodnych dzieci polskich.
Wszelkie korespondencje oraz zapytania w polskim lub angielskim
języku co do przekazów żywnościowych, akcji ratunkowej lub składek
i datków pieniężnych na głodne dzieci, prosimy wysyłać do jego oddziału, pod adrosem: "EUROPEAN RELIEF COUNCIL, POLISH DEPARTMENT

        42 Broadway, New York City.

        Z poważaniem,

        Herbert Hoover.

        Chairman
        EUROPEAN RELIEF COUNCIL

8go Grudnia, 1920 r.

Gdy pod Lwowem, Warszawą, Włocławkiem i Płockiem w sierpniu 1920 r., w Bitwie Warszawskiej, ważyły się losy Polski, zagradzającej drogę ekspansywnemu, bolszewickiemu komunizmowi, sympatie Hoovera były zdecydowanie po stronie Polski, mimo że w Stanach Zjednoczonych, na tle krytyki polityki zagranicznej Wilsona, coraz silniejsze było żądanie wycofania się z aktywnej polityki europejskiej. Hoover starał się w tym czasie uruchamiać nowe kredyty żywnościowe dla naszego kraju, koncentrując się przede wszystkim na pomocy dla głodujących dzieci. W trakcie wojny polsko-sowieckiej, w ramach polskiej armii, walczyła amerykańska ochotnicza eskadra lotnicza im. Tadeusza Kościuszki, której idea założenia wyszła od ludzi wywodzących się z członków hooverowskich komisji. Jej pilotów marszałek Józef Piłsudski odznaczył orderem wojennym Virtuti Militari.

When in August 1920 the fate of Poland hung in balance at Lwów, Warsaw, Włocławek and Płock during the Battle of Warsaw, when Poland stood in the way of expansive Bolshevik communism, Hoover's sympathies were decidedly on the side of Poland, even though criticism of Wilson's foreign policy in the United States and demands for withdrawal from active participation in European affairs intensified. At that time Hoover tried to open new food credits for our country, concentrating above all on assistance to hungry children. A volunteer American air squadron named after Thaddeus Kosciuszko fought on the Polish side during the Polish-Soviet war. It was the brainchild of people connected with Hoover commissions. Marshal Józef Piłsudski decorated its members with the military order of Virtuti Militari.

Członkowie Eskadry Kościuszkowskiej uformowanej z amerykańskich pilotów ochotników do udziału w wojnie polsko-rosyjskiej 1919-1920. Kapitan Merian C. Cooper był pomysłodawcą stworzenia tej eskadry, a major Cedric E. Fauntleroy jej pierwszym dowódcą. Eskadra używała zdemobilizowanego sprzętu niemieckiego i alianckiego. Pociski często były zrzucane ręcznie. (HILA)

A group of volunteer American pilots formed a squadron (the Kosciuszko Squadron) that took part in combat during the Polish-Russian War of 1919-1920. Captain Merian C. Cooper conceived the idea of the squadron, and Major Cedric E. Fauntleroy was its first commanding officer. The squadron operated under great difficulty, facing food, clothing, and ammunition shortages. The squadron used German and Allied equipment left over from World War I; during combat bombs were often dropped by hand. (HILA)

Członkowie Eskadry Kościuszki zostali przyjęci i przedstawieni Ignacemu Paderewskiemu w Hotelu Ritz w Paryżu. Kompozytor oświadczył zebranym, że nie przeżył niczego równie wzruszającego, jak spotkanie z młodymi Amerykanami skłonnymi poświęcić swoje życie dla Polski. Ochotnicy zostali przemyceni do Warszawy jako strażnicy Czerwonego Krzyża, a stamtąd w październiku 1919 r. do Lwowa. (HILA)

Members of the Kosciuszko Squadron are introduced to Ignacy Paderewski at the Hotel Ritz in Paris. The composer told them that it was indeed touching to meet young Americans ready to sacrifice their lives for Poland. The volunteers were smuggled to Warsaw as Red Cross guards and from there, in October 1919, to Lwów. (HILA)

Eskadra położyła wielkie zasługi w walkach na froncie południowym, angażując w potyczkach armię gen. Siemiona M. Budionnego i odciągając ją od Warszawy. Po zakończeniu wojny eskadra pozostała na służbie, patrolując obszary wschodnich rubieży. Do oficjalnej demobilizacji doszło w maju 1921 r. Na polskiej ziemi pozostały ciała trzech amerykańskich lotników, uhonorowanych pomnikiem na cmentarzu Łyczakowskim we Lwowie. (HILA)

The squadron distinguished itself on the southern front, engaging General Budionny and drawing him away from Warsaw. After the war ended, the squadron remained in service, patrolling the eastern borderlands. Official demobilization took place in May 1921. The bodies of three American pilots remained in Poland, honored with a monument in the Łyczaków Cemetery in Lwów. (HILA)

Grupa Szarych Samarytanek w Warszawie, 1919. Amerykanki polskiego pochodzenia wzięły udział jako ochotniczki w odbudowie niepodległej Polski. Laura Gozdawa-Turczynowicz, przewodnicząca Polskiego Związku Odbudowy (Polish Reconstruction Association), zorganizowała grupę 500 kobiet, przeszkolonych przez personel medyczny do niesienia pomocy potrzebującym. Zwano je Szarymi Samarytankami z racji koloru mundurów. Praca ich była chwalona przez Hoovera i bardzo ceniona w Polsce, gdzie były pomocne w pracy inspektorów ze względu na znajomość języków angielskiego i polskiego. (HILA)

A group of Grey Samaritans in Warsaw, 1919. These Polish American women volunteers helped rebuild the newly independent Poland. Organized by Laura de G. Turczynowicz, the head of the Polish Reconstruction Association, some five hundred women – called Grey Samaritans because of the color of their uniforms – were trained by physicians to help the needy. The Polish Grey Samaritan School opened in New York in 1919. Seventy-five volunteers graduated, but only forty went on to serve in Poland. Their work was praised by Hoover and greatly appreciated in Poland where their knowledge of English and Polish was of great help to the department inspectors. (HILA)

Obok AAP, która formalnie działała w Polsce do połowy 1921 r., prace w naszym kraju zintensyfikowały amerykańskie organizacje charytatywne, w szczególności Amerykański Czerwony Krzyż, The Jewish Joint Distribution Committee i The American Friends Service Committee.

Besides ARA, which formally operated in Poland until the middle of 1921, other American charitable organizations, especially the American Red Cross, the Jewish Joint Distribution Committee, and the American Friends Service Committee were all active in Poland.

Pracownik Amerykańskiej Administracji Pomocy rozdaje czekoladę sierotom. Czternaścioro dzieci zaadoptowała Józefina Tarkowska, pracując jako Szara Samarytanka w Polsce, 1920. (HILA)

ARA worker gives chocolate to Josephine Tarkowski's children, fourteen of whom she adopted while working as a Grey Samaritan in Poland, 1920. (HILA)

„Polska miała szczęście w krytycznym okresie głodu, mając za ambasadorów miłosierdzia potomków swoich synów i córek, przybywających z kraju, do którego wyemigrowali ich ojcowie".

Hoover do Anny Badury z YWCA, pisząc o Szarych Samarytankach, 11 października 1922.

"Poland was indeed fortunate, during the critical period of starvation, in having the children of her own sons and daughters as ambassadors of mercy from the republic in which they had taken up their homes."

Hoover to Anna Badura of the YWCA referring to the Grey Samaritans, October 11, 1922.

W październiku 1920 r., na wniosek Władysława Grabskiego, Herbert Hoover został honorowym prezesem Polsko-Amerykańskiego Komitetu Pomocy Dzieciom. Żaden z polityków amerykańskich, do dziś, nie dostąpił tylu zaszczytów co Hoover. Przypomnijmy niektóre:

rok 1919 – honorowy doktorat medycyny Uniwersytetu Jagiellońskiego, honorowe obywatelstwo miasta Lwowa,

rok 1921– honorowy doktorat z prawa Uniwersytetu Warszawskiego i honorowe obywatelstwo Miasta Stołecznego Warszawy,

rok 1922 – honorowe obywatelstwo Rzeczypospolitej i pomnik dłuta Xawerego Dunikowskiego na tzw. skwerze Hoovera na Krakowskim Przedmieściu w Warszawie,

rok 1929 – popiersie na Powszechnej Wystawie Krajowej w Poznaniu.

In October 1920, on W. Grabski's motion, Hoover was made an honorary president of the Polish-American Children's Relief Committee. No other American politician in history has received more honors than Hoover.

Let's recall some of them:

1919 – honorary doctorate in medicine of the Jagiellonian University; honorary citizenship of the city of Lwów

1921 – honorary doctorate in law of Warsaw University; honorary citizenship of the city of Warsaw

1922 – honorary citizenship of the Polish Republic and monument by Xawery Dunikowski in Hoover Square in Warsaw

1929 – bust at the National Exhibition in Poznan.

Ceremonia nadania honorowego obywatelstwa miasta Lwowa Hooverowi, 26 czerwca 1921. Poseł dr Stefan Rottermund w styczniu 1922 r. wystąpił w Sejmie z rezolucją uhonorowania Hoovera za zasługi polskim obywatelstwem. (HILA)

Hoover is made an honorary citizen of Lwów, June 26, 1921. In January 1922, Parliament member dr. Stefan Rottermund proposed honoring Hoover's invaluable contributions with Polish citizenship. (HILA)

Odsłonięcie pomnika Wdzięczności Stanom Zjednoczonym na skwerze Hoovera, 29 października 1922.
Rzeźbiarz Xawery Dunikowski w pierwszym rzędzie (z szalikiem). (HILA)

Dedication of statue of gratitude to the United States in Hoover Square, October 29, 1922.
The sculptor, Xawery Dunikowski, is in the foreground with a scarf. (HILA)

W 1920 r., dzięki pomocy Hoovera, potencjał gospodarczy Polski został zasilony nie tylko nowymi dostawami żywności, ale także 4600 samochodami ciężarowymi z amerykańskiego demobilu i 150 nowymi parowozami „Baldwin Locomotive Works". Później, w 1922 r., Polska otrzymała, na zasadach długoterminowego kredytu, 7500 nowych amerykańskich samochodów ciężarowych.

W ciągu 36 miesięcy funkcjonowania AAP dostarczyła Polsce 751,1 tys. ton żywności na łączną sumę blisko 201 mln dolarów, w tym 163 mln na kredyt. Dostawy o wartości 29,3 mln dolarów stanowiły dar społeczeństwa amerykańskiego dla narodu polskiego. Trudno wycenić pomoc amerykańskich ekspertów do walki z epidemiami, podobnie jak amerykańskich doradców technicznych i amerykańskich lotników.

In 1920, thanks to Hoover's assistance, Poland's economic potential was strengthened not only with new shipments of food, but also with 4,600 trucks from American military surplus and 150 new locomotives from Baldwin Locomotive Works. Later, in 1922, Poland received, on the basis of a long-term credit, 7,500 new American trucks.

During its 36 months of operation the ARA supplied Poland with 751,100 tons of food worth nearly 201 million dollars, with 163 million on credit. Shipments worth a total of 29.3 million were a gift from the American people to the people of Poland. It is difficult to put a value on the assistance of American experts in the fight with epidemics, as well as on American technical advisers and American pilots.

„Obiad Nieobecnego Gościa" Funduszu Pomocy Dzieciom, Nowy Jork, 29 grudnia 1920. Świeca symbolizowała dogasające życie dziecka. Tysiąc zaproszonych gości zapłaciło po tysiąc dolarów za obiad wartości dwudziestu dwu centów, taki jaki zazwyczaj podawano dzieciom w Polsce. Tego wieczora Hoover (pierwszy z lewej) zebrał milion dolarów. (HHPL)

Children's Relief Fund Invisible Guest Dinner in New York City, December 29, 1920. The candle symbolized a distinguishing child's life. The thousand guests paid $1,000 each for a meal worth twenty-two cents, a typical ration for a Polish child. This evening Hoover (on the left) was able to collect one million dollars. (HHPL)

NACZELNE DOWÓDZTWO WOJSK POLSKICH

ADJUTANTURA GENERALNA   WARSZAWA, DN. .... 192 ...... R.
                                         BELWEDER

L. Dz. ....

HOOVER

Amerykański Wydział Ratunkowy Fundacja dla dzieci Europy.

NOWY-JORK.

Z głębi serc naszych przesyłamy dziś podziękowania przyjaciołom naszym w Ameryce. Dary Narodu Amerykańskiego dla naszej dziatwy są tem milsze, że przedstawiają samorzutne ofiary niezliczonych rodzin Amerykańskich, jako nieobecni goście których, zasiądą dzisiaj do stołu wigilijnego rzesze Polskich dzieci.

Telegram Piłsudskiego do Hoovera, wyrażający wdzięczność za zbiórkę funduszy podczas „Obiadu Nieobecnego Gościa", styczeń 1921. (HILA)

Telegram from Piłsudski to Hoover expressing gratitude for money raised during the "Invisible Guest Dinner", January 1921. (HILA)

W obchodach amerykańskiego Święta Niepodległości 4 Lipca w 1921 r. w Warszawie wzięło udział 15 000 dzieci. (HILA)

Fifteen thousand children celebrate the Fourth of July in Warsaw, 1921. (HILA)

Olbrzymie znaczenie polityczne i moralne miała zgoda rządu polskiego w 1921 r., wyrażona na prośbę Hoovera na tranzyt żywności organizowanej przez AAP dla głodujących Rosjan, przede wszystkim dla umierających z głodu rosyjskich dzieci. W tymże roku uruchomiono specjalne pociągi tranzytowe z Gdańska do Stołpiec. Oświadczenie w tej sprawie złożył polski minister spraw zagranicznych Konstanty Skirmunt, podkreślając przyjazne uczucia narodu polskiego dla narodu rosyjskiego. Działalność AAP w Rosji rząd polski wykorzystał dla sfinalizowania rokowań w sprawie umowy kolejowej, dzięki której można było zapewnić powrót jeńców i reemigrantów z Rosji i egzekwować inne zobowiązania radzieckie wynikające z traktatu ryskiego.

The consent of the Polish government in 1921, in response to Hoover's request, to allow transit of ARA food shipments to starving Russians, especially Russian children, had a tremendous political significance. Special transit trains from Gdansk to Stołpce on the Soviet border were put into operation. Konstanty Skirmunt, Polish minister of foreign affairs, made a statement in this matter, emphasizing friendly feelings of the Polish nation to the Russian nation. The operation of ARA in Russia gave the Polish government a chance to finalize negotiations in regard to railroads, thanks to which it was possible to facilitate the return of prisoners and refugees from Russia, as well as to assure Russian compliance with other provisions of the Treaty of Riga, which ended Polish-Bolshevik hostilities.

„Nie uda się nam utrzymać pokoju, jeśli nie wykorzenimy emocji ostatnich pięciu lat z umysłów następnego pokolenia. Zakończywszy ten ostatni wysiłek, damy Amerykanom powód do dumy z wielkiego, dobrze spełnionego obowiązku – dumy z rzeczywistej chęci niesienia pomocy, która charakteryzuje nasz naród. Damy Europie szansę powrotu do życia. Uważam, że jest wielką zasługą Stanów Zjednoczonych, że 3,5 mln biednych dzieci siada codziennie do »naszego stołu«. Wolałbym, aby flaga amerykańska znalazła miejsce w sercach dzieci Europy, niż ogłaszała zwycięstwo nad twierdzami".

Wypowiedź Hoovera w „Boston Evening News", 3 grudnia 1920.

"We shall never have peace unless we can eradicate the passions of the past five years from the minds of this next generation. With the completion of this final effort we shall have given Americans pride in a great duty well done – a pride in practical helpfulness that distinguishes our people. We shall have given to Europe a foothold back to life. To me it is a glory to the United States that 3,500,000 hungry waifs should sit every day at our table. For I would rather have the American flag implanted in the hearts of the children of Europe than flying over any citadel of victory."

Hoover, "Boston Evening News", December 3, 1920.

Obchody święta 4 Lipca w Warszawie. Statua Wolności
na balkonie Teatru Wielkiego, 1921. (HILA)

**Fourth of July in Warsaw. Statue of Liberty on the balcony
of Wielki Theatre, 1921. (HILA)**

Po przybyciu Paderewskiego do Nowego Jorku 11 lutego 1921 r. Hoover kilkakrotnie miał możność spotkania się z nim. W telegramie z 9 marca tegoż roku do Franka Polka, wysokiego urzędnika w Departamencie Stanu, Hoover bardzo wysoko ocenił działalność Paderewskiego jako premiera w zakresie stabilizacji stosunków polityczno-społecznych w Polsce i walki z głodem oraz jego życzliwy stosunek do mniejszości narodowych, szczególnie mniejszości żydowskiej. Tegoż dnia Hoover przemawiał na bankiecie wydanym na cześć Paderewskiego w hotelu Astor, ponownie przypominając jego zasługi jako artysty i męża stanu.

After Paderewski's arrival in New York, on February 11, 1921, Hoover had an opportunity to meet with him several times. In a March 9 telegram to Frank Polk, a ranking official in the Department of State, Hoover very highly assessed Paderewski's work as prime minister, for the stablization of social and political situation in Poland, for the struggle against hunger, as well as for his sympathetic attitude toward national minorities, especially the Jewish minority. The same day Hoover spoke at a banquet in honor of Paderewski in the Astor Hotel, once again recalling his achievements as artist and statesman.

Sierociniec Najświętszego Serca Jezusowego, Wilno, 1920. (HILA)

Sacred Heart Orphanage, Wilno, 1920. (HILA)

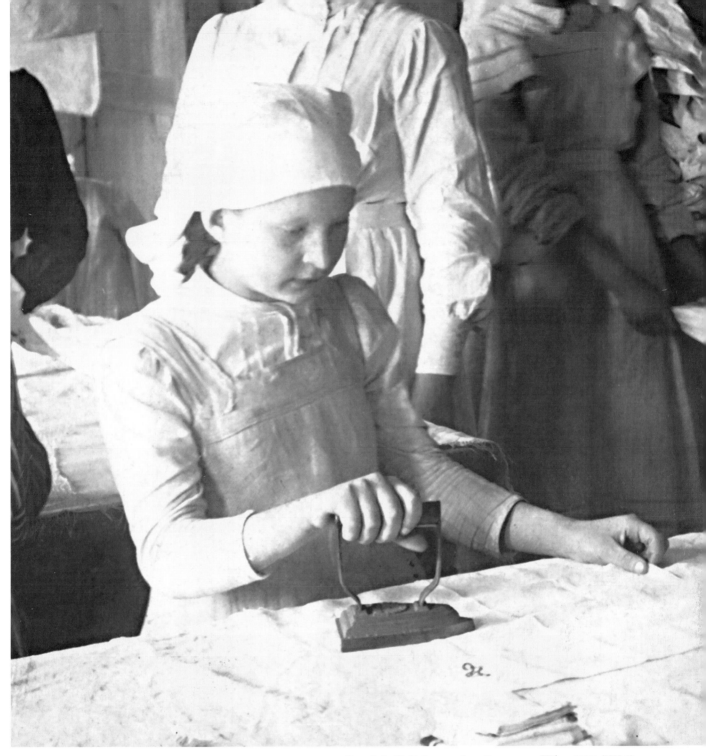

Sierociniec Najświętszego Serca Jezusowego, Wilno, 1920. (HILA)

Sacred Heart Orphanage, Wilno, 1920. (HILA)

Wojna, choroby i głód uczyniły sierotami 29 000 polskich dzieci, a 132 000 półsierotami. We wschodniej Polsce niedożywione dzieci jadły korzonki i korę drzew, mieszkając w wypalonych miastach i wsiach. W samej tylko Galicji 15 000 dzieci czekało na adopcje. Niektóre z tych sierot dostały się do ochronek i sierocińców, których działało w Polsce ponad tysiąc. Po wojnie polsko-bolszewickiej Amerykańska Administracja Pomocy rozdzielała dodatkowe przydziały do większości z tych instytucji. (HILA)

The war, disease, and famine orphaned twenty-nine thousand Polish children and half-orphaned another 132,000. In eastern Poland, already malnourished children were surviving on roots and bark of trees, living in destroyed towns and villages. Galicia alone had fifteen thousand children awaiting adoption. Some of the orphans found their way to more than one thousand shelters and orphanages that were operating in Poland. After the Polish-Bolshevik war the American Relief Administration distributed extra rations to those institutions most in need. (HILA)

Zainteresowanie Hoovera sprawami polskimi w okresie kiedy pełnił funkcję sekretarza do spraw handlu w administracji prezydentów Hardinga i Coolidge'a, w latach 1921-1928, poważnie osłabło ze względu na nowe obowiązki publiczne. Ale i w tym okresie starał się manifestować swoją życzliwość dla Polski. Ze szczególnym zainteresowaniem przyjął liberalną politykę finansową drugiego gabinetu W. Grabskiego. To wtedy, 15 listopada 1924 r., nastąpiło podpisanie przez rząd Grabskiego układu o konsolidacji długów państwa polskiego wobec Stanów Zjednoczonych. Sejm polski ratyfikował ten układ 25 stycznia 1925 r. Innym osiągnięciem gabinetu Grabskiego było podpisanie 9 lutego 1925 r. porozumienia handlowego między Polską a Stanami Zjednoczonymi. Ułatwiło ono podpisanie 14 lutego umowy w sprawie pożyczki dolarowej, tzw. dillonowskiej, której suma nominalna wynosiła 27,5 mln dolarów, a oprocentowanie 8%. Układ o konsolidacji długów amerykańskich, o który zabiegał Hoover, tak oceniał Grabski: „Układ zawarty i sposób jego przeprowadzenia świadczą o głębokim podkładzie dobrych stosunków, jakie od samego początku zapanowały między Polską a Stanami Zjednoczonymi, a które nigdy i niczym nie były zamącone... Wielkiemu Narodowi, który tworzy Stany Zjednoczone Ameryki Północnej, życzymy szczerze jak największego dalszego rozkwitu dla szczęścia całej ludzkości".

During 1921-1928, the time that he was Secretary of Commerce in the administrations of Presidents Harding and Coolidge, Hoover's interest in Polish affairs decreased significantly, because of his new public responsibilities. However, even then he tried to demonstrate his sympathy toward Poland. He reacted with special interest at the liberal financial policies of the second W. Grabski cabinet. It was then that on November 15, 1924, that the Grabski government signed the treaty on the consolidation of Poland's debts toward the United States. Polish Legislature ratified this treaty on January 25, 1925. Another achievement of the Grabski cabinet was the signing, on February 9, 1925, of a commercial agreement between Poland and the United States. This made possible the signing, on February 14 of an agreement on the so-called Dillon loan, the principal of which was 27.5 million dollars and interest 8 percent. Grabski offered this assessment of the debt consolidation treaty, which Hoover supported: "the treaty which was signed and the way it was negotiated indicate the depth of good relations, which from the very start emerged between Poland and the United States, and which were never disturbed by anything... we sincerely wish the Great Nation of the United States the longest possible blossoming for the happiness of all humanity."

Sierociniec Najświętszego Serca Jezusowego, Wilno, 1920. (HILA)

Sacred Heart Orphanage, Wilno, 1920. (HILA)

Chłopiec w kowbojskich butach z Ameryki. Sierociniec
Najświętszego Serca Jezusowego, Wilno, 1920. (HILA)

**Boy in cowboy boots from America. Sacred Heart
Orphanage, Wilno, 1920. (HILA)**

W 1928 r. Paderewski, przebywający w Stanach Zjednoczonych, apelował do Polonii Amerykańskiej, by poparła kandydaturę Herberta Hoovera na prezydenta Stanów Zjednoczonych Ameryki. Dnia 16 maja 1928 r. Fundacja Kościuszkowska w Ameryce wydała uroczysty bankiet na cześć Paderewskiego, na którym honorowy gość podkreślił wybitne zasługi Hoovera w niesieniu pomocy żywnościowej i surowcowej dla odrodzonej Polski.

Paderewski, who in 1928 was staying in the United States, appealed to American Poles to support the presidential candidacy of Herbert Hoover. On May 16, 1928, the Kosciuszko Foundation gave a banquet in honor of Paderewski, during which the guest of honor emphasized Hoover's outstanding achievements in bringing food and raw material assistance for the reborn Poland.

Sierociniec Najświętszego Serca Jezusowego, Wilno, 1920. (HILA)
Sacred Heart Orphanage, Wilno, 1920. (HILA)

Sierociniec Najświętszego Serca Jezusowego, Wilno, 1920. (HILA)

Sacred Heart Orphanage, Wilno, 1920. (HILA)

Po przewrocie majowym Piłsudskiego w 1926 r., krytycznie ocenianym przez Hoovera i Paderewskiego, nastąpiło znaczne ożywienie w stosunkach gospodarczych polsko-amerykańskich, na które znaczny wpływ miał Hoover jako sekretarz do spraw handlu. W 1927 r. Polska otrzymała tzw. pożyczkę stabilizacyjną na sumę nominalną 62 mln dolarów i 2 mln funtów. Została ona zużytkowana na stabilizację polskiej złotówki i inwestycje w dziedzinie infrastruktury kraju. Powszechna Wystawa Krajowa w Poznaniu, otwarta 16 maja 1929 r., stała się okazją do nowej manifestacji wdzięczności Polaków dla Hoovera za jego charytatywną działalność w Polsce. W dniu tym minister spraw zagranicznych August Zaleski i wybitny pisarz Wacław Sieroszewski dokonali odsłonięcia popiersia Hoovera na wspomnianej wystawie, którą odwiedziło 4 mln osób.

After Piłsudski's May 1926 coup, which both Hoover and Paderewski viewed critically, Polish American economic relations increased considerably, thanks to thesignificant influence of Hoover as Secretary of Commerce. In 1927 Poland received the so-called Stabilization Loan of 62 million dollars and 2 million pounds. It was used to stabilize Polish currency and for infrastructure investments. The General National Exhibition in Poznan, which opened on May 16, 1929, provided an opportunity for a new demonstration of gratitude of Poles to Hoover for his charitable work in Poland. On that day August Zaleski, minister of foreign affairs, and Wacław Sieroszewski, famous writer, unveiled a bust of Hoover at the exhibition, which was visited by 4 million people.

Grupa dzieci z Sambora w płaszczach i butach dostarczonych z polecenia Hoovera, 1920. (HILA)

Children in Sambor, 1920 in coats and shoes delivered on behalf of Hoover. (HILA)

Chłopiec z Sambora, 1920. (HILA)

Boy from Sambor, 1920. (HILA)

Jako prezydent Stanów Zjednoczonych Ameryki w latach 1929-1933, w trudnym okresie światowego kryzysu i ogromnego wzrostu bezrobocia oraz towarzyszących im dramatycznych konfliktów społecznych, Hoover nie zapominał o Polsce. 4 marca 1930 r. pogratulował Tytusowi Filipowiczowi podniesienia polskiego poselstwa do rangi ambasady. Filipowicz należał do bardzo bliskich przyjaciół marszałka Piłsudskiego. W 1904 r. towarzyszył mu w podróży do Japonii przez Stany Zjednoczone.

As President of the United States, during 1929-1933, a difficult period of world economic crisis, huge unemployment, and accompanying social conflicts, Hoover did not forget Poland. On March 4, 1930, he congratulated Tytus Filipowicz on elevating the rank of the Polish legation to that of embassy. Filipowicz was one of marshal Piłsudski's close friends. In 1904 he accompanied him on a trip to Japan via the United States.

4 lipca 1931 r. Hoover wydał specjalne orędzie z okazji odsłonięcia pomnika Woodrowa Wilsona w Poznaniu. Przypomniał w nim zasługi Tadeusza Kościuszki i Kazimierza Pułaskiego w oddziałach Waszyngtona walczących o niepodległość Stanów Zjednoczonych oraz zasługi prezydenta Wilsona, którego był bliskim współpracownikiem, dla sprawy niepodległości Polski. Przepraszał, że osobiście nie mógł uczestniczyć w odsłonięciu jego pomnika, który był dla niego symbolem pamięci, sympatii i przyjaźni narodu polskiego dla narodu amerykańskiego.

11 października 1930 r. prezydent Hoover proklamował Dzień Kazimierza Pułaskiego. Wkrótce Polonia Amerykańska zaczęła w tym dniu organizować parady Pułaskiego. Dnia 25 listopada 1931 r. Hoover przyjął bardzo serdecznie Paderewskiego w Białym Domu. Rozmawiali prawdopodobnie o bolesnej sprawie aresztowań przywódców polskiej opozycji demokratycznej i osadzeniu ich w twierdzy brzeskiej. Rząd i ówczesna ambasada polska w Waszyngtonie były zaniepokojone rezultatem tej wizyty.

Dyplomacja polska za swój sukces uważała ratyfikowanie przez Kongres Amerykański w dniu 21 kwietnia 1932 r. traktatu o handlu i przyjaźni Stanów Zjednoczonych z Polską. Tym bardziej, że został on ratyfikowany w okresie gwałtownego spadku wzajemnych obrotów handlowych, spowodowanego kryzysowym załamaniem koniunktury. W spauperyzowanym przez kryzys lat 30. społeczeństwie polskim duże nadzieje budziła polityka społeczno-gospodarcza prezydenta Franklina D. Roosevelta, preferująca rozbudowę interwencjonizmu państwowego. Wśród Polonii Amerykańskiej następowała w tym czasie zmiana pokoleniowa przywódców i rósł krytycyzm wobec autorytarnej polityki rządu polskiego.

On July 4, Hoover issued a special proclamation on the occasion of the unveiling of a monument to Woodrow Wilson in Poznan. He recalled the contributions of Thaddeus Kosciuszko and Casimir Pulaski in Washington's forces fighting for the independence of the United States, as well as the contributions of President Wilson, with whom he was closely associated on behalf of the cause of Poland's independence. He apologized that he was not able to participate personally in the unveiling of this monument, which was for him a symbol of remembrance, sympathy and friendship of the Polish nation for the American nation.

President Hoover proclaimed October 11, 1930 as Casimir Pulaski Day. This was going to be a day of parades organized by American Poles in honor of Pulaski. On November 25, 1931, Hoover very warmly received Paderewski in the White House. They probably talked about the painful matter of the arrests of Polish democratic opposition and their imprisonment in the Brest fortress. The Polish government and its embassy were concerned about the results of this visit.

Polish diplomacy viewed with satisfaction the April 21, 1932 ratification by the US Congress of the treaty on trade and frienship between the United States and Poland. More so, because it was ratified during rapid decrease in mutual trade caused by the critical collapse of the market. Polish society was pauperized by the crisis of the 1930's and viewed with much hope the socio-economic policies of President Franklin D. Roosevelt, who preferred an increase in government interventionism. American Poles were at that time going though a generational change of leadership and a growing criticism of the authoritarian policies of the Polish government.

Przykład ilustrowanego listu dziękczynnego, jednego z wielu, jakie Hoover otrzymał od szkół, organizacji i osób prywatnych. Ten pochodzi z Warszawskiego Towarzystwa Sztuki. (HILA)

Decorated letter of gratitude, a great many of which Hoover received from schools, organizations, and individuals. This one is from the Warsaw Art Society. (HILA)

Po śmierci marszałka Piłsudskiego Paderewski stał się autorytetem dla umiarkowanej opozycji antyrządowej, tworząc tzw. Front Morges, koalicję przywódców demokratycznych partii i organizacji politycznych (Wincenty Witos, Wojciech Korfanty, gen. Władysław Sikorski, gen. Józef Haller, Herman Lieberman, ks. Zygmunt Kaczyński). W tym czasie Hoover, ostry krytyk polityki wewnętrznej i zagranicznej Roosevelta z pozycji obrony tradycyjnych wartości liberalizmu amerykańskiego, bronił hasła „Foreign policies for America". Uczestniczył on w obchodach 75-lecia urodzin Paderewskiego w listopadzie 1935 r., podkreślając w adresie wysłanym do Leona T. Walkowicza, prezesa Polsko--Amerykańskiego Towarzystwa Historycznego, wybitne zasługi jubilata w kształtowaniu przyjaźni polsko-amerykańskiej.

After the death of marshal Piłsudski, Paderewski became an authority of the moderate anti-government opposition by creating the so-called Front Morges, a coalition of democratic parties and political organizations (Wincenty Witos, Wojciech Korfanty, Gen. Władysław Sikorski, Gen. Józef Haller, Herman Lieberman, Rev. Zygmunt Kaczyński). At that time, Hoover, a harsh critic of Roosevelt's domestic and foreign policies from the position of traditional values of American liberalism, defended the slogan "Foreign policies for America". In November 1935 he participated in the celebration of Paderewski's 75th birthday, emphasizing in an address sent to Leon T. Walkowicz, the president of the Polish-Anerican Historical Society, the outstanding contributions of Paderewski in shaping American Polish friendship.

Hoover na spotkaniu z prezydentem Ignacym Mościckim w Zamku Królewskim w Warszawie, 12 marca 1938. (HHPL)

Hoover meets with Polish president Ignacy Mościcki in the Royal Castle in Warsaw on March 12, 1938. (HHPL)

W marcu 1938 r., obok innych krajów europejskich, Hoover po raz trzeci odwiedził Polskę. Bawił w Warszawie, Poznaniu i Krakowie, sprawiając kłopot prezydentowi Ignacemu Mościckiemu, premierowi gen. Felicjanowi Sławoj-Składkowskiemu i ministrowi spraw zagranicznych Józefowi Beckowi. Wspomniani kierownicy polskiej nawy państwowej nie chcieli narazić się administracji prezydenta Roosevelta i w przeciwieństwie do Piłsudskiego i Paderewskiego nadali tej wizycie skromny, prywatny charakter. Hoover natomiast, zaniepokojony ekspansją III Rzeszy, okupacją Nadrenii przez wojska niemieckie, rosnącymi wpływami gospodarczymi tego kraju na Bałkanach i wchłonięciem Austrii, wyczulał polskich przywódców na niebezpieczeństwo grożące Czechosłowacji i Polsce ze strony totalitaryzmu hitlerowskiego, gotowego zniszczyć pokój w Europie. Niestety, ostrzeżenia Hoovera, na początku 1938 r., nie były należycie docenione przede wszystkim przez ministra Becka, mającego wówczas pewne złudzenia co do kierunku ekspansji niemieckiej i jej charakteru.

In March 1938, Hoover paid a third visit to Poland and to other European countries. He was in Warsaw, Poznan and Cracow, creating some inconvenience to President Mościcki, Prime Minister Gen. Felicjan Sławoj-Składkowski and to Minister of Foreign Affairs Józef Beck. These leaders of Poland did not wish to antagonize the administration of President Roosevelt, and unlike their predecessors, Piłsudski and Paderewski, gave the visit a modest, private character. Hoover was disturbed by the expansion of the III Reich, by the occupation of the Rheinland by German forces, by the growing German economic influence in the Balkans, and by the absorption of Austria. He alerted Polish leaders to the threat to Czechoslovakia and Poland from totalitarian Germany, which was ready to destroy peace in Europe. Unfortunately, the warnings by Hoover, early in 1938, were not adequately received, first of all by minister Beck, who at that time was under some illusions as to the direction of German expansion and its character.

Hoover boleśnie przeżywał agresję III Rzeszy i Sowietów na Polskę. Już 25 września 1939 r., w odpowiedzi na apel premiera Sikorskiego i ambasadora RP w Waszyngtonie, hrabiego Jerzego Potockiego, wraz ze swymi starymi przyjaciółmi z AAP zawiązał Komisję ds. Polskiej Pomocy. Prezesem tej organizacji był Chauncey McCormick, dyrektorem Hugh Gibson. Wielkie wrażenie wśród amerykańskiej opinii publicznej, a przede wszystkim wśród Polonii Amerykańskiej, wywołało przemówienie Hoovera z okazji Dnia Pułaskiego, 11 października 1939 r., w którym przypomniał tysiącletni dorobek państwowości polskiej, w tym II Rzeczypospolitej, oraz wyraził głębokie przekonanie o odrodzeniu państwa polskiego po zakończeniu wojny. Z jego inspiracji William C. McDonald, który przebywał w Warszawie w czasie wrześniowego oblężenia w 1939 r. w celu ewakuacji amerykańskich obywateli do Szwajcarii, przeprowadził rozmowy z władzami okupacyjnymi na temat dostaw żywności i leków dla cierpiącej ludności Polski. Taka skromna pomoc została uruchomiona z wykorzystaniem drogi przez neutralną Szwecję, Hamburg i Gdańsk. Zniszczony przez Niemców podczas działań wojennych port w Gdyni nie nadawał się do wykorzystania dla transportu wspomnianych dostaw.

Hoover was pained by the aggression of the III Reich and of the Soviet Union against Poland. Already on September 25, 1939, in response to Polish Prime Minister Władysław Sikorski and Polish Ambassador in Washington, Count Jerzy Potocki, he and his old friends from the ARA created the Commission for Polish Relief. The president of this organization was Chauncey McCormick, with Hugh Gibson as director. The speech Hoover delivered on the occasion of Pulaski Day, on October 11, 1939, in which he recalled a 1,000-years of Poland's historical record, including that of the II Republic, and expressed deep conviction that Poland will be reborn after the end of the war, made a deep impression on American public opinion, and especially on American Poles. Inspired by him, William C. McDonald, who was in Warsaw during the September 1939 siege, in order to organize the evacuation of American citizens to Switzerland, conducted discussions with occupation authorities on the subject of shipments of food and medicines for the suffering people of Poland. This modest assistance was initiated via neutral Sweden, through Hamburg and Gdansk. The port of Gdynia, destroyed during the hostilities by the Germans could not be used to receive the shipment of these supplies.

Polscy żołnierze w Comisani w Rumunii, dokąd docierała pomoc Hoovera, 1940. (HHPL)

Polish soldiers in Comisani, Romania; receipients of Hoover's assistance, 1940. (HHPL)

W 1941 r. w Polsce wystąpiły tragiczne braki żywności. Chociaż Niemcy wystawiali immunitety dla statków neutralnych niosących pomoc, Churchill nie zgadzał się na kompromis i wstrzymał zezwolenia na pomoc żywnościową dla Polski. W kwietniu 1941 r. pracownik opieki w Polsce pisał: „W tak tragicznych warunkach egzystencji nie możemy zrozumieć braku pomocy z zewnątrz. Czy jest możliwe, że ludzie takiego kalibru jak Pan Hoover nie potrafili znaleźć środków, aby uratować nas od śmierci głodowej?". (HILA)

By 1941 Poland was facing grave food shortages. Although Germany issued certificates of immunity for neutral vessels carrying aid, Churchill was unwilling to compromise and stopped all permits for food relief to Poland. In April 1941, a relief worker wrote: "Under such tragic conditions of existence we cannot understand the lack of aid from outside. Is it possible that the men of such calibre as Mr. Hoover cannot find the means of saving us from death through starvation?" (HILA)

„Bez względu na to, co będzie nazywane na papierze pokojem, nie może być trwałej stabilizacji i trwałego pokoju ani dla Niemiec, ani Rosji, dopóki trwa ucisk wielkiego i niepodległego narodu [polskiego]. Wiemy, że naród, który walczył przez tysiąc lat, ponosił klęski i wciąż się z nich podnosił – nie zginie".

Przemówienie Hoovera do Polonii w Dniu Pułaskiego, Nowy Jork, 11 października 1939.

"No matter what may be signed on papers calling for peace, there can be no permanent stability and no permanent peace to either Germany or Russia so long as oppression of a great and independent [Polish] race continues. We know that a people who have fought for a thousand years, who have lost and won again, will not die."

Hoover's address on Pulaski Memorial Day, New York, October 11, 1939.

Premier polskiego rządu i Naczelny Wódz gen. Władysław Sikorski 6 grudnia 1939 r. serdecznie dziękował Hooverowi za nowe inicjatywy pomocy dla Polski. Hoover, po ogłoszeniu neutralności USA w wojnie, mógł w swej akcji pomocy korzystać przede wszystkim ze skromnych dotacji prywatnych. W lutym 1940 r. zebrał na pomoc dla Polski 400 tys. dolarów, z których część stanowiły ofiary polskich organizacji polonijnych. Dnia 29 lutego tegoż roku przemawiał na posiedzeniu Komisji Spraw Zagranicznych Izby Reprezentantów Kongresu, prosząc o dotację 50 mln dolarów dla Amerykańskiego Czerwonego Krzyża, za którego pośrednictwem można by wysyłać żywność i lekarstwa do Polski. Kongres zatwierdził propozycję Hoovera.

On December 6, 1939, Gen. Władysław Sikorski, Prime Minister of the Polish government and Supreme Commander, sincerely thanked Hoover for the new initiatives of help to Poland. After the United States declared its neutrality in the war, Hoover had to rely mostly on small private donations. In February 1940, he collected 400,000 dollars for help to Poland, a part of which was made up of gifts from Polish-American organizations. On February 29 of that year he spoke to the Foreign Relations Committee of the US House of Representatives, requesting a donation of 50 million dollars for the American Red Cross, which was able to send food and medicines to Poland. The Congress approved Hoover's request.

Jadłodajnia w Sanoku, zima 1940-1941. (HILA)
Soup kitchen in Sanok, winter 1940-41. (HILA)

Kraków. dn.3.9.41.

Do
Prezydenta Hoovera

Panie Prezydencie !

Już poraz wtóry przekoi   .m.
polska, że w Ameryce są ludzie, których w każdych oko-
licznościach na wielkość stać- bo na takie określenie
zasługuje dzieło, któremu, jak niegdyś w czasie wojny
światowej, patronuje Pan, Panie Prezydencie, dzieło
spieszenia z pomocą dotkniętym nieszczęściem.

Instytucja nasza, mając około 2 miljony
podopiecznych, docierająca przez swe placówki terenowe
tam, gdzie niedola jest największa, zdaje sobie dobrze
sprawę czem dla ludności polskiej była i jest pomoc
z jaką pospieszyły Stany Zjednoczone w tych tak ciężkich
dla niej chwilach.

Możemy śmiało twierdzić, że wobec ogólnej
nędzy w kraju, niemożności zdobycia na naszym terenie
środków spożywczych, odzieży i leków, dary amerykańskie
uratowały życie i umożliwiły rzetrwanie setkom tysięcy
ludzi.

Dość powiedzieć, że do końca lutego 1941.
ogółem dzięki darom amerykańskim zasiłono na terenie
t.zw. obecnie Generalnego Gubernatorstwa 774.725 podopiecznych, w tym 455.725 dorosłych i 319.000. dzieci.
Rozdawnictwo niestety objąć mogło tylko część naszych
podopiecznych, przyczem kładliśmy nacisk na zaopatrze-
nie wysiedlonych jako ludzi pozbawionych dobytku, war-
sztatów pracy jednym słowem wszystkiego. Niestety,pomoc
jaką nieść możemy jest zupełnie niewystarczająca w zakresie pomocy żywnościowej nasze kuchnie ludowe,/których
w marcu 1941. było 364/ ograniczyć się muszą do wydawa-
nia posiłków, składających się z zupy, której pożywność
350 klr. ostatnie spadła na 280, a nawet 172. A trzeba
dodać, że dla tych biedaków jest to bardzo często jedyne
pożywienie które musi starczyć na cały dzień. Obecnie
zamiast zwiększyć ilość kuchen w miesiącach czerwcu i
lipcu, z powodu niemożności zdobycia środków żywnościowych, wiele z nich musieliśmy zamknąć. Drugą formą pomocy
żywnościowej, jaką niesiemy naszym podopiecznym jest
rozdawnictwo indywidualne.Ale i ta pomoc, ponieważ liczba
podopiecznych jest bardzo duża, a bieda u wszystkich jed-
nakowa, tak że trudno o selekcję, jest nikła, gdyż przydziały wypadają na głowę bardzo skromnie. Nic więc dziwne-
go, że śmiertelność ich wzrosła zastraszająco i.t.np. w
samej wWarszawie z 230 zgonów tygodniowo w chwili wybuchu
wojny podniosła się do marca 1941. na 726 zgonów.

Prócz braku artykułów żywnościowych daje się we
znaki naszym podopiecznym brak odzieży, a społeczeństwo
polskie,choć zdobywa się na największe wysiłki, nie może przyjść z pomocą swoim najbiedniejszym, bo ogólne zu-
bożenie jest tak wielkie, że znikoma jest liczba tych,
którzy obecnie,gdy dobiega do końca drugi rok wojny, mogą
coś świadczyć. Tym bardziej, że ziemie nasze zwłaszcza
w swej części wschodniej dotknęły w ciągu tego krótkiego
okresu już poraz wtóry straszne skutki wojny w czasie
ostatnich działań wojennych setki ludzi zostało bez da-
chu nad głową.

W imieniu naszych biednych dziękujemy Ci,Panie
Prezydencie, za wszystko coś dla nich uczynił i sądzimy,
że świadomość, że dzięki akcji,na czele której stanąłeś,
setki ludzi, choćby w mniejszym tylkostopniu będzie od-
czuwać głów i zimno - świadomość, że dzięki Tobie obe-
schną choćby na chwilę łzy naszych głodnych dzieci będzie
dla Ciebie i tych, co wraz z Tobą służą najświętszemu
posłannictwu - pomocy cierpiącemu człowiekowi - największą nagrodą.

List do Herberta Hoovera od Adama Ronikiera, dyrektora Rady
Głównej Opiekuńczej, organizacji społecznej, której działanie
w znacznym stopniu było uzależnione od dostaw Komisji ds. Polskiej Pomocy, założonej przez Hoovera w 1939 r. RGO prowadziła
szereg instytucji pomocy dla osób szczególnie doświadczonych przez
wojnę: starców, sierot, wdów, zarówno Polaków, jak i Żydów.
W roku 1941 z pomocy Rady w formie żywności i odzieży dostar-
czonej przez Komisję ds. Polskiej Pomocy skorzystało milion
odbiorców. (AAN)

Letter to Herbert Hoover from Adam Ronikier – chairman of the
social welfare organization – Rada Główna Opiekuńcza, which to
a large extend depended on deliveries of the Commission for Polish
Relief, founded by Hoover in 1939. RGO ran welfare institutions
for people most affected by war: the elderly, orphans, widows – both
the Poles and the Jews. In 1941 one million people received aid from
the council, food and clothing, mostly imported by the Commission.
(AAN)

Dnia 10 lutego 1940 r., na wiecu przygoto-wanym przez Radę Polonii na stadionie w Chicago, Hoover mówił o konkretnych trudnościach zor-ganizowania pomocy dla obu stref okupacyjnych: niemieckiej i sowieckiej. Później, 27 kwietnia 1940 r., na łamach popularnego czasopisma „Collier's" przypomniał układ niemiecko-sowiecki z 23 sierpnia 1939 r., który ułatwił agresję Niemiec i Związku Sowieckiego na Polskę we wrześniu 1939 r. i agresję Związku Sowieckiego, liczącego 160 mln ludzi, na pokojowy, 3,5 mln naród fiński, rozpoczętą 30 listo-pada 1939 r. Hoovera niepokoił fakt, że 5 miesięcy po agresji sowieckiej na Polskę eksport amerykański do Związku Sowieckiego wzrósł o 300%.

On Ferburay 10, 1940, at a rally orga-nized by the Polish-American Council at a Chicago stadium, he spoke about the fundamental difficul-ties of organizing help for both areas of occupation, German and Soviet. Later, on April 27, 1940, in an article in the popular periodical: "Collier's", he recalled the German-Soviet pact of August 23, 1939, which facilitated German and Soviet aggression against Poland in September 1939, and the aggres-sion of the Soviet Union with a population of 160 million, against the peaceful 3.5 million people of Finland, begun on November 30, 1939. Hoover was disturbed by the fact that five months after the Soviet aggression against Poland, American export to the Soviet Union grew by 300 percent.

„Nie ma sprawy godnej większego wysiłku Pana i kolegów niż zapewnienie funduszy na ratowanie życia w Polsce. Nie znam nikogo, kto może zapewnić skuteczniejsze kie-rownictwo niż Pan. Wielka masa Polaków stoi w obliczu katastrofy. Komisja ds. Polskiej Pomocy pełni rolę kanału do przesyłania i rozdzielania żywności dla ludności polskiej. Cokolwiek można dodać do jej zasobów, oznacza zmniejszenie cierpień ludzkich".

Hoover do płk. Williama J. Donovana, przewodniczącego Funduszu Paderewskiego,
The story of the Paderewski Fund for Polish Relief.

"There is no cause more worthy of the effort of yourself and your colleagues than pro-viding funds for the saving of life in Poland. I know of no one who can give more effec-tive leadership than yourself. Great masses of Polish people are rapidly approaching a catastrophe. The Commission for Relief in Poland is acting as the channel for shipment and distribution of foodstuffs to the Polish people. Any addition to their resources means that much further saving of human suffering."

Hoover to Colonel William J. Donovan, president of the Paderewski Fund,
The Story of the Paderewski Fund for Polish Relief.

„Jako naród ludzi wierzących i kochających wolność, dysponujący ogromnymi nadwyżkami żywności, nie mamy moralnego prawa stać spokojnie i przyglądać się głodującym ludziom, którzy są bezradni i niezdolni sobie pomóc".

Z wystąpienia Hoovera na wiecu w Madison Square Garden w Nowym Jorku, 12 marca 1940.

"As a God-fearing nation or as a liberty-loving nation we have no moral right to stand by with these huge surpluses of food and see people starve who are helpless to help themselves."

Hoover's address at a Madison Square Garden mass meeting in New York, March 12, 1940.

Bezpłatna jadłodajnia w Warszawie, zima 1940-1941. (HILA)

Soup kitchen in Warsaw, winter 1940-41. (HILA)

28 kwietnia 1940 r. w Nowym Jorku Hoover wysłuchał przemówienia gen. Józefa Hallera, byłego dowódcy Armii Polskiej we Francji, skupiającej ponad 22 tys. polskich ochotników ze Stanów Zjednoczonych. Weterani wspomnianej armii szczególnie serdecznie przyjmowali swego byłego wodza, a w 1940 r. ministra gabinetu gen. Sikorskiego. Hoover omawiał z nim współpracę z polskim rządem na emigracji, działającym wówczas we Francji. Po kapitulacji Francji w czerwcu 1940 r. Paderewski zajął się pomocą dla polskich żołnierzy 2. Dywizji Strzelców Pieszych internowanych w Szwajcarii. Później, przez Hiszpanię i Portugalię, udał się do Stanów Zjednoczonych, entuzjastycznie witany przez ludność Nowego Jorku i Polonię Amerykańską. Z okazji 80-lecia jego urodzin i 50-lecia pierwszego tournée artystycznego w Stanach jego amerykańscy przyjaciele powołali The Paderewski Fund for Polish Relief. Był on sponsorowany przez wybitnych Amerykanów, m.in. przez F. Roosevelta, H. Hoovera, F. La Guardię, V. Kellogga, W. Astora. Wkrótce w miastach, gdzie koncertował w 1891 r., zaczęły powstawać lokalne oddziały The Paderewski Testimonial Foundation. Kluczową rolę w tej Fundacji odgrywali współpracownicy Hoovera, Vernon Kellogg i jego żona Charlotte, oraz Hugh Gibson.

On April 28, 1940, in New York, Hoover heard the speech of Gen. Józef Haller, former commander of the Polish Army in France, which included 22,000 Polish volunteers from the United States. These veterans received very warmly their former chief, and now a minister in the cabinet of Gen. Sikorski. Hoover discussed with him cooperation with the Polish émigré government based now in France. After France's capitulation in June 1940, Paderewski started working to help the Polish soldiers of the 2nd Infantry Division interned in Switzerland. Then, via Spain and Portugal, he went to the United States, where he was enthusiastically greeted by the people of New York and the American Poles. On the occasion of his 80th birthday and 50th anniversary of his first artistic tournée in the United States, his American friends created the Paderewski Fund for Polish Relief. It was sponsored by prominent Americans, including F. Roosevelt, H. Hoover, F. La Guardia, V. Kellogg, W. Astor. In the short time in the cities where he gave concerts in 1891 local chapters of the Paderewski Testimonial Foundation were organized. Key roles in this foundation were played by Hoover associates – Vernon Kellogg, his wife Charlotte, and Hugh Gibson.

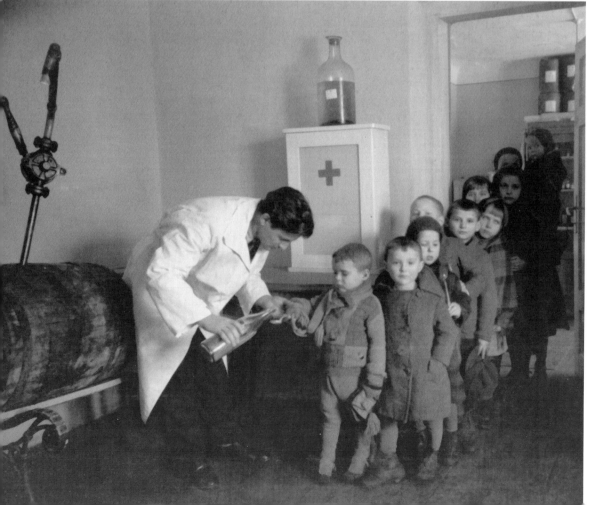

Wydawanie tranu otrzymanego od Komisji ds. Polskiej Pomocy w przychodni Komisji w Końskiem, 1940. (HILA)

Cod liver oil from the Commission for Polish Relief is distributed in a dispensary at Końskie, 1940. (HILA)

Wydawanie obiadu w kuchni nr 1 w Skierniewicach,
zima 1940-1941. (HILA)

Distribution of mid-day meal at kitchen no. 1 in Skierniewice,
winter 1940-41. (HILA)

Po śmierci Paderewskiego 29 czerwca 1941 r., Hoover wysłał na ręce Maurice'a Pate'a, współorganizatora uroczystości pogrzebowych, telegram, w którym podkreślił, że śmierć ta spowodowała smutek milionów ludzi na całym świecie. Paderewski był nie tylko wybitnym artystą, ale przede wszystkim przywódcą prowadzącym swój naród do wolności w czasie pierwszej i drugiej wojny światowej.

Hoover, krytyk polityki ustępstw wobec żądań Stalina przedstawianych na konferencjach Wielkiej Trójki w Teheranie i Jałcie, boleśnie przeżywał dramat Powstania Warszawskiego 1944 r. Goszcząc 18 września 1944 r. na zaproszenie przywódców Polonii Amerykańskiej w Chicago Club, ostro skrytykował politykę Roosevelta, twierdząc, że zagraża ona niepodległości Polski i innych krajów Środkowo-Wschodniej Europy. Oświadczył m.in.: „...Linia Curzona jest nie do przyjęcia ze względów ekonomicznych. Naród polski powinien mieć możność wyboru własnego rządu. Przyszłość Polski zależy od Polonii Amerykańskiej, która powinna żądać od obu kandydatów na prezydenta wyraźnego oświadczenia co do losu Polski. Pomniejszenie i pokrzywdzenie Polski będzie zaczątkiem nowej wojny". Na tak mocne poparcie powstańców Warszawy 1944 r. nie zdobył się żaden wpływowy polityk amerykański. Później domagał się respektowania amerykańskich ideałów, analizując krytycznie decyzje konferencji jałtańskiej, która doprowadziła do nowego podziału ziem polskich i ułatwiła stopniową sowietyzację Polski i pozostałych krajów sowieckiej strefy wpływów. Pisze o tym prof. Jerzy Lerski w pracy *Herbert Hoover and Poland* (Stanford 1977). Lerski był sekretarzem polskiego premiera Tomasza Arciszewskiego, który powiedział „non possumus" Jałcie w imieniu Polaków ceniących niepodległość, integralność terytorialną i demokrację.

Po objęciu urzędu Prezydenta Stanów Zjednoczonych przez Harry S. Trumana, H. Hoover, H. Gibson, M. Pate i D. A. Fitzgerald, na prośbę ówczesnego sekretarza rolnictwa Clintona P. Andersona, odwiedzili od marca do maja 1946 r. 25 krajów dotkniętych przez zniszczenia wojenne, by opracować wielki plan pomocy żywnościowej dla nich, z wykorzystaniem zasobów żywnościowych Stanów Zjednoczonych, Kanady, Australii i Argentyny.

After Paderewski's death on June 29, 1941, Hoover sent a telegram to Maurice Pate, the co-organizer of the funeral ceremonies, in which he emphasized that Paderewski's death brought sadness to millions throughout the world. Paderewski was not only a great artist, but above all a leader guiding his people to freedom during the first and second world wars.

Hoover, a critic of the policy of concessions to Stalin's demands presented at the Big Three conferences in Teheran and Yalta, was distressed by the tragedy of the Warsaw Uprising of 1944. On September 18, 1944, meeting with the leaders of American Poles at the Chicago Club, he sharply criticized Roosevelt's policy, saying that it threatens the independence of Poland and of the other countries of East Central Europe. He said that the Curzon Line is unacceptable for economic reasons. The Polish people should be able to elect their own government. The future of Poland is in the hands of American Poles, who should demand from both presidential candidates a clear declaration about the future of Poland. He concluded that a reduced and wronged Poland would be the cause of a new war. No other influential American politician was brave enough to express such strong support for fighting Warsaw in 1944. Later, Hoover demanded respect for American ideals, while critically analyzed the decisions of the Yalta Conference, which brought about a new division of Polish territories and facilitated gradual Sovietization of Poland and the other countries of the Soviet sphere of influence. This is covered best by Jerzy Lerski, author of *Herbert Hoover and Poland* (Stanford, 1977). Lerski was the secretary to Prime Minister Tomasz Arciszewski, who said "non possumus" to Yalta, speaking on behalf of Poles who value independence, territorial integrity, and democracy.

After Harry S. Truman became President, Clinton P. Anderson, the Secretary of Agriculture, invited Herbert Hoover, Hugh Gibson, Maurice Pate, and D. A. Fitzgerald to visit countries devastated by war. Between March and May of 1946, they went to 25 countries and produced a grand plan for food assistance for those countries, based on the agricultural resources of the United States, Canada, Australia and Argentina.

Ofiara wojny, Warszawa, 1946. Ponad sześć milionów mieszkańców Polski – jedna piąta ludności – zginęło w II wojnie światowej. Wojna pozostawiła za sobą milion sierot i pół miliona inwalidów. Mimo tragizmu sytuacji, dzięki pomocy Amerykańskiego Czerwonego Krzyża, Amerykańskiej Opieki Katolickiej i UNRRA, Hoover miał podstawy do optymizmu.

War victim, Warsaw, 1946. More than six million civilians – 22 percent of the total population – died during World War II. There were one million war orphans and more than half a million invalids. Yet, with help from the American Red Cross, the American Catholic Welfare, and UNRRA, Hoover was optimistic.

„Sytuacja wygląda groźnie, ale po dostawach żywności i po zebraniu kolejnych plonów Polska odrodzi się z popiołów".

Przemówienie Hoovera w Warszawie, 30 marca 1946. (HILA)

"It is a forbidding picture, but with food until the next harvest Poland can rise again from her ashes."

Hoover's address in Warsaw, March 30, 1946. (HILA)

Dnia 28 marca 1946 roku Hoover po raz ostatni w życiu odwiedzał Warszawę, zniszczone przez niemieckich zbrodniarzy warszawskie getto i zniszczone przez nich warszawskie Śródmieście z historyczną Starówką. Zapoznał się z tragicznymi statystykami Powstania Warszawskiego – stratami ludności cywilnej, szacowanymi na 120-140 tys. osób, i w 80% zniszczonej, leżącej w gruzach substancji mieszkaniowej miasta. Hoover, wielki przeciwnik komunizmu, przekonany jednak o potrzebie ratowania narodu polskiego od głodu, w czasie swego pobytu w Warszawie rozmawiał z prezydentem Krajowej Rady Narodowej, byłym funkcjonariuszem Międzynarodówki Komunistycznej Bolesławem Bierutem, premierem rządu Edwardem Osóbką-Morawskim i wicepremierem, przywódcą opozycyjnego Polskiego Stronnictwa Ludowego Stanisławem Mikołajczykiem, oraz wicepremierem, sekretarzem generalnym Polskiej Partii Robotniczej Władysławem Gomułką. Najciekawsze były rozmowy z Mikołajczykiem, który przekazał mu kolekcję materiałów podziemia, z bezpartyjnymi ekspertami odbudowy Warszawy, z dziećmi stolicy i chorymi w warszawskich szpitalach, a przede wszystkim z ambasadorem amerykańskim w Warszawie Arthurem Bliss Lane'em – późniejszym przewodniczącym Komisji Kongresu ds. Badania Zbrodni Katyńskiej.

On March 28, 1946 Hoover arrived in Warsaw for the last time in his life. He saw the ruins of the Warsaw Ghetto, the City Center, the historic Old Town, all razed by the Germans. He learned the tragic statistics of the Warsaw Uprising – 140 thousand civilians killed, 80% of the city destroyed. Hoover, a great opponent of communism, but convinced of the necessity of saving the Polish nation from hunger, met with the head of the Central National Council, former functionary of the Communist International, Bolesław Bierut and other members of the government: Edward Osóbka-Morawski and Władysław Gomułka, as well as with the only member of the opposition within the government, the peasant party leader, Stanisław Mikołajczyk. Mikołajczyk gave Hoover a collection of underground publications. Hoover also met with techncial experts on the rebuilding of Warsaw, children, the sick in the hospitals, and most of all with the American ambassador in Warsaw, Arthur Bliss Lane, the future chairman of the US Congress Commission to Study the Katyń Massacre.

Herbert Hoover w ruinach Starego Miasta spotyka kobietę zbierającą drewno na opał, 2 kwietnia 1946. (HILA)

Herbert Hoover tours the ruins of the Old City as two women collect firewood, April 2, 1946. (HILA)

Herbert Hoover odwiedza sieroty.
Hover spotkał się z Bierutem, Mikołajczykiem, Gomułką oraz z grupą ekspertów, aby omówić zakres misji żywnościowej do Polski, choć otwarcie sprzeciwiał się przejęciu władzy przez komunistów. (HILA)

Herbert Hoover visits war orphans. Hoover, who had met with Bierut, Mikołajczyk, Gomułka, and a group of Polish experts to outline the scope of the food mission to Poland, disapproved of the communist takeover. (HILA)

„Mogą istnieć różnice w poglądach na niektóre sprawy pomiędzy narodem amerykańskim a rządem polskim, ale bez względu na to, jak ważne są te problemy, celem mojej misji jest wyłącznie rozwiązanie problemu żywności... Ameryka ma tylko jeden cel, ratowanie życia ludzkiego".

Hoover podczas spotkania z Bierutem, Mikołajczykiem i Gomułką w Warszawie w 1946.

"There may be differences in the thinking of the American people from that of the Polish Government on some subjects, but no matter how important these problems may be, the purpose of my Mission is solely the problem of food... In this America has but one object and that is to save human life."

Hoover at a meeting with Bierut, Mikołajczyk, and Gomułka in Warsaw in 1946.

Dokonana przez Hoovera wnikliwa analiza sytuacji żywnościowej w Polsce pozwoliła na swoistą, powojenną kontynuację działalności Amerykańskiej Administracji Pomocy przez UNRRA – Organizację Narodów Zjednoczonych do spraw Pomocy i Odbudowy, opartą głównie na zasobach amerykańskich. Jako dziecko, w gimnazjum w mieście Łask (województwo łódzkie), i skaut lokalnego hufca Związku Harcerstwa Polskiego korzystałem wraz z członkami mojej rodziny i kolegami z pomocy żywnościowej UNRRA. Moi rodzice, pamiętający działalność AAP, mówili wprost: „ach, te paczki Hooverowskie ratują od głodu nasze dzieci".

Hoover's detailed analysis of the food situation in Poland made it possible to continue to some extent the work of the American Relief Administration by UNRRA – United Nations Relief and Reconstruction Agency, based primarily on American resources. At a time when I was a pupil in middle school in the town of Łask (in Lodz province) and a boy scout in the local Union of Polish Scouts troop, my family and I benefited from food assistance of UNRRA. My parents, who remembered ARA, used to say simply "those Hoover packages are saving our children from hunger".

Herbert Hoover z członkami delegacji amerykańskiej na gruzach warszawskiego getta, 2 kwietnia 1946. (HILA)

Herbert Hoover with U.S. officials in the rubble of the Warsaw Ghetto, April 2, 1946. (HILA)

Herbert Hoover wśród polskich sierot, 2 kwietnia 1946. Zdjęcie dedykowane Maurice'owi Pate, współzałożycielowi UNICEF, zasłużonemu w pracy AAP w Polsce po I wojnie światowej. (HILA)

Herbert Hoover surrounded by Polish war orphans, April 2, 1946. Photograph dedicated to Maurice Pate, co-founder of UNICEF and veteran of ARA in Poland after WWI. (HILA)

„Gdy wchodził lub wychodził ze szpitali lub szkół ... był spontanicznie i serdecznie pozdrawiany. Szczerość owacji była podobna do tej, z jaką witano Eisenhowera".

Ambasador Arthur Bliss Lane, pisząc o wizycie Hoovera w Warszawie w 1946 r.

"When he entered or left the hospitals or schools ... he was cheered spontaneously and wholeheartedly. The sincerity of the cheering was similar to that which had greeted Eisenhower."

Ambassador Arthur Bliss Lane writing about Hoover's visit in Warsaw in 1946.

Poza zrujnowaną gospodarką głód był największym problemem społecznym. Produkcja rolna w roku 1946 osiągnęła zaledwie 50% w porównaniu z 1939 r. Kraj pozbawiony zasobów własnych mógł polegać wyłącznie na pomocy z zewnątrz. Niedobór koni i maszyn udało się nadrobić w znacznym stopniu dostawami UNRRA, która wysłała do Polski 8000 traktorów i 140 000 koni. (HILA)

Hunger was an enormous problem in Poland. In 1946 agricultural production was barely 50 percent of its 1939 level. Thus the country had to rely on outside help. The shortage of horses and machines was compensated for by UNRRA deliveries to Poland of 140,000 horses and eight thousand tractors. (HILA)

Dzieci otwierające prezenty otrzymane od UNRRA. Podobnie jak to czynił przed laty, Hoover zwrócił szczególną uwagę na sytuację sierot i matek z dziećmi. 90% polskich dzieci było niedożywionych, a 25% cierpiało na gruźlicę. Znaczna część dostaw żywności i lekarstw była przeznaczona dla kuchni w szpitalach, przedszkolach i szkołach. UNRRA sponsorowała akcje prewencyjne zapobiegające roz-przestrzenianiu się chorób zakaźnych, takich jak gruźlica, tyfus i inne choroby typowe dla ludzi żyjących w ciężkich warunkach. (HILA)

Children opening presents from UNRRA. As he had many years earlier, Hoover paid special attention to the situation of orphans and mothers with children. Ninety percent of Polish chil-dren were malnourished, and 25 per-cent suffered from tuberculosis. Food supplies and medicines were largely directed to hospital kitchens, day-care centers, and schools. UNRRA also sponsored preventive programs aimed at contagious diseases such as tuber-culosis and typhus and those diseases especially prevalent in populations in adverse living conditions. (HILA)

Materiały dla Hoovera

I. Wstęp - Struktura gospodarstwa polskiego.

Ogólna charakterystyka struktury w nowych granicach w porównaniu ze strukturą w dawnych /ludność, przemysł, rolnictwo, usługi/

II. Historia rozwoju gospodarczego i charakterystyka sytuacji bie-żącej.

1/ Zadania pierwszego okresu odbudowy.

2/ Komunikacja - zniszczenia, stan wyjściowy, dynamika, zakres
pomocy zagranicznej, wykres.

3/ Przemysł   - zniszczenia, stan wyjściowy, dynamika, wskaźn.
produkcji, zakres pomocy zagranicznej, wykres.

4/ Rolnictwo   - zniszczenia, stan wyjściowy, wpływ reformy rolnej, zakres pomocy zagranicznej, wykres.

5/ Aprowizacja - historia, system obecny i jego uzasadnienie,
rzeczywiste wykonanie systemu, pomoc faktycz-
na UNRRA, bilanse zboża, mięsa, tłuszczów,
wykresy.

6/ Zdrowotność - przyrost naturalny, stopa śmiert. i urodzeń
w porówn. z przed wojną, chorobowość, dzieci
i sieroty, wydajność robotników, zakres pomocy
UNRRA, wykresy.

III. Plany na przyszłość.

1/ Ogólna charakterystyka zamierzeń - /dochód, kons., inwestycje/

2/ Polityka cen i płac /stabilizacja, wyrównanie, warunki
wzrostu/.

3/ Polityka produkcji i inwestycyj /różniczkowanie, tempo wzrost

4/ Polityka aprowizacyjna /nowy system, ograniczenia konsumcji,
perspektywy na 1946/47 rok/.

IV. Załączniki.

Sprawozdanie rządu polskiego dla Hoovera, Warszawa, 1946. (AAN)

Polish government report for Hoover, Warsaw, 1946. (AAN)

Herbert Hoover na skwerze Hoovera, u podstawy pomnika
dedykowanego mu w 1922 r., 2 kwietnia 1946. (HILA)

On April 2, 1946, Hoover views the ruins of Warsaw standing in
Hoover Square. He is facing the base of the statue dedicated to
him in 1922. (HILA)

„Naczelnym zadaniem historii jest budowanie lepszego świata.
Historia ostrzega tych, którzy nawołują do wojny. Historia inspiruje
tych, którzy szukają pokoju".

Herbert Hoover

"The purpose of history is a better world. History gives warning to
those who promote war. History brings inspiration to those who
seek peace."

Herbert Hoover

W okresie zimnej wojny Hoover utrzymywał serdeczne stosunki z przywódcami Polonii Amerykańskiej, demaskował brutalną politykę sowietyzacji Polski, występował w Sekcji Polskiej Radia „Wolna Europa" na prośbę jej pierwszego dyrektora Jana Nowaka-Jeziorańskiego, studiował dramatyczne relacje żołnierzy armii gen. Władysława Andersa o losach Polaków na rosyjskiej Syberii, zachowane w dokumentach Instytutu Hoovera. Z nadzieją witał zryw robotniczy w Poznaniu w czerwcu 1956 r. Widział w nim zapowiedź zmian w całej sowieckiej strefie wpływów, których jednak nie dożył.

During the Cold War, Hoover maintained cordial relations with the leaders of American Poles, denounced the brutal policy of Sovietization of Poland, participated in the Polish programs of Radio Free Europe, on the invitation of its first director, Jan Nowak-Jeziorański, studied the dramatic testimonies of Polish survivors of Siberian labor camps available in the Hoover Institution Archives. He greeted with hope the Poznan workers' protest of 1956. He saw in it a promise of change in the whole Soviet sphere of influence, a change he did not live to see.

Prof. dr Marian Marek Drozdowski
Przewodniczący Komisji Badania Dziejów Warszawy przy Instytucie Historii Polskiej Akademii Nauk i Stowarzyszenia Budowy Pomnika Tadeusza Kościuszki w Warszawie

Professor Marian Marek Drozdowski
Chairman of the Commission for the Study of the History of Warsaw in the Institute of History of the Polish Academy of Sciences and the Association for the Building of the Monument to Thaddeus Kosciuszko in Warsaw

„Kościuszko pozdrawia Herberta Hoovera" – wejście do głównego hallu Instytutu Hoovera.

Kosciuszko greets Herbert Hoover in the entrance hall of the Hoover Institution Tower.

Wyrazy wdzięczności
Expressions of Gratitude

Wyrazy wdzięczności:

Polacy wyrazili Hooverowi swoją wdzięczność na wiele sposobów. Otrzymał między innymi tysiące listów (w posiadaniu Biblioteki Prezydenckiej i Instytutu Hoovera) z miast i wsi, w których Hoover pozostawił ślad swojej działalności. Hoover, który odmawiał przyjmowania medali za swoją pracę w AAP, szczególnie cenił sobie listy od dzieci i prosił o ich tłumaczenie. W roku 1921 Polacy zainicjowali akcję zbierania podpisów pod posłaniami pochodzącymi z różnych środowisk i organizacji. Liczono na zebranie miliona podpisów w jednym albumie. Było ich za wiele na jeden tom. Stronice zostały wysłane do instytucji w całym kraju, poczynając od rządu i sejmu, a kończąc na szkołach i sierocińcach w małych miejscowościach. Stronice były ilustrowane przez miejscowych artystów, a następnie podpisane. Po zebraniu i oprawieniu ich w Warszawie wysłano je do Hoovera.

Expressions of gratitude:

Poles expressed their gratitude to Hoover in dozens of ways. He received thousands of letters (many of which are in the Herbert Hoover Presidential Library and the Hoover Institution) from every city and village where he had left marks of his generosity. Although Hoover refused to accept medals for his work in the ARA, he especially cherished letters from children, asking that they be translated. In 1921 the Poles also collected signatures under messages from particular communities or organizations, hoping to collect a million for an album. Pages for the volume were mailed to various institutions all over the country, beginning with the government and the parliament and ending with schools and orphanages in small settlements. The pages were illustrated by local artists and then signed. They were then sent to Warsaw, where they were bound in volumes and shipped to Herbert Hoover.

HERBERTOWI
HOOVER'OWI
PRZEDSTAWICIELOWI
DOBROCZYNNEJ AMERYKI
WSZYSTKIE STANY
STOLICY
RZECZYPOSPOLITEJ POLSKIEJ
W HOŁDZIE

R.P.   1921

Wielkiemu mężowi stanu niestrudzonemu jałmużni
kowi, który miljony dzieci uchronił od śmierci i zwy
rodnienia, hołd i z głębi serca płynące wyrazy
uznania składa Stowarzyszenie Kupców Polskich

To the great statesman the indefatiguable col"
lector of alms, who saved millions of children
from death and degeneration, tribute and heart
felt recognition from the Association of Polish Merchants

Bogusław Herse

Stanisław Wartaevski.
Jerzy Bruneudorff

Wolhronki józef.

Zygmunt Pi Mynowicz

Feliks Zielínski

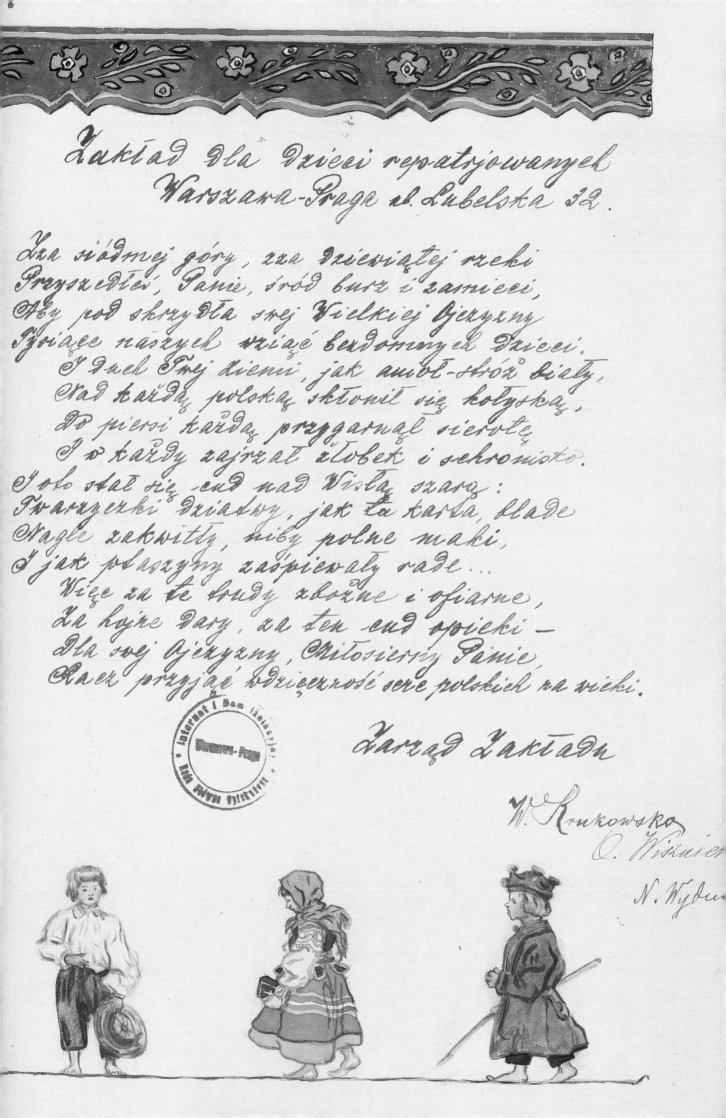

Zakład dla dzieci repatrjowanych
Warszawa-Praga ul. Lubelska 32.

Zza siódmej góry, zza dziewiątej rzeki
Przyszedłeś, Panie, śród burz i zamieci,
Aby pod skrzydła swej Wielkiej Ojczyzny
Tysiące naszych wziąć bezdomnych dzieci.

I Duch Twój dzieni, jak anioł-stróż biały,
Nad każdą polską skłonił się kołyską,
Do piersi każdą przygarnął sierotę
I w każdy zajrzał żłobek i schronisko.

I oto stał się cud nad Wisłą szarą:
Twarzyczki dziatwy, jak ta karła, blade
Nagle zakwitły, niby polne maki,
I jak ptaszyny, zaśpiewały rade...

Więc za te trudy zbożne i ofiarne,
Za hojne dary, za ten cud opieki —
Dla swej Ojczyzny, Miłosierny Panie,
Racz przyjąć wdzięczność serc polskich na wieki.

Zarząd Zakładu

W. Krukowska
O. Wiśnie
N. Wydm

OD DZIECI

P. GORTER NARKI

B. GURBIRANSSA

II KUCHNI ŻYDOSKIEJ W BIELSKU
w hołdzie
DZIECIOM AMERYKI

PRZEJĘTE WDZIĘCZNOŚCIĄ I NAJGLĘ BSZEM UZNANIEM ZA
NIEOCENIONĄ AKCIĘ DOŻYWIANIA NAS CHWILACH
KRYTYCZNYCH, JAKICH DOZNAŁO CAŁA EUROPA PRZESYŁAMY
W DZIEŃ WIELKIEGO ŚWIĘTA AMERYKI W HOŁDZIE
DZIECIOM WIELKIEGO NARODU AMERYKAŃSKIEGO NASZE
NAJSERDECZNIEJSZE POZDROWIENIA I ŻYCZENIA
URZECZYWISTNIENIA SIĘ WSZELKICH NADZIEI
NA WAS PRZEZ SPOŁECZEŃSTWO
W POKŁADANYCH

ŁOCZONE, Z WAMI Z DALEKĄ MONEJMI
WĘZŁAMI ISTEJ MIŁOŚCI PRWAŁEJ PRZYJAŹNI
DIECI II KUCHNI ŻYDOWSKIEJ

Kabsaj Kestów BIELSKU

r. polożoki

Towarzystwo Przytulisk Niedoli Dziecięcej

w Warszawie

składa Ci, CZCIGODNY PANIE wyrazy

hołdu i serdecznej podzięki za tak szczodrą i

zacną opiekę nad biedną dziatwą sześciu ochron

naszej Instytucji

Dzięki tej opiece około 700 dzieci uratowałeś,
PANIE, dla Odrodzonej POLSKI

prezes Tow.: Michał Woroniecki
Zarząd i opiekuni: Franciszka Koribut Woroniecka
Andrzej Lubomirski

B. Woroniecka
Roman Hubert
P. Zieńska

W. Perkowska
E. Wasilewska
Zofia Corusiewicz

WARSZAWSKIE
TOWARZYSTWO ŁYŻWIARSKIE.

Panu

Senatorowi

Herbertowi

Hooverowi

Wdzięczna Bursa św. Stanisława
Kostki w Krakowie.

Wystawa i ta publikacja stały się możliwe dzięki hojnej donacji Taube Family Foundation. Donacja Pani Henrietty Fankhauser umożliwi pokazanie wystawy w wielu miastach Polski.

The exhibition and this publication were made possible by a generous gift from the Taube Family Foundation. A gift from Henrietta Fankhauser will enable the exhibition to travel to various cities in Poland.